おもてなしの神髄

食べるお宿 浜の湯

鈴木良成
SUZUKI YOSHINARI

幻冬舎MC

食べるお宿浜の湯　おもてなしの神髄

はじめに

四季折々の表情を見せる風光に包まれ、のんびり愉しめる温泉と季節ごとの料理、そして心づくしのおもてなしでお客様をお迎えする。

旅館はただ宿泊するためだけの施設ではなく、最高の旅を彩る日本独自の伝統文化の一部として、長くたくさんの人たちに親しまれてきました。

しかし、近年では外資系の高級ホテルや全国均一のサービスを提供するチェーン系のホテルなどに埋もれ、旅館は衰退の一途をたどっています。1980年代には8万軒超であった旅館の数は、2016年には4万軒を切り半分以下にまで減りました。また、コロナ禍では宿泊業全体が大打撃を受け、2021年の旅館の休廃業・解散は過去5年で最多となり、旅館業界の苦戦は続いています。

旅館衰退の原因は高度経済成長期に団体客に依存し、個人客をないがしろにしてしまったことにあります。食事の部屋出しをやめて宴会場での提供に変更したり、客室係（仲居）をなくしたりするなど効率化だけを追い求め、接客や料理、設備、サービスは画一化され、おもてなしの精神を失ってしまったのです。旅館らしさのない旅館はただの宿泊施設であり、ブランド化された外資系高級ホテルや価格の安いチェーン系ホテルと戦っても勝ち目はありません。このおもてなしの欠如こそが、旅館業界衰退の原因です。

私が経営する伊豆・稲取の温泉旅館「食べるお宿浜の湯」は、もともとは父が1969年にわずか5室の民宿から始めた旅館ですが、1995年以降、計6回にわたって改築や増築を重ね、旅館の平均部屋数が約18室といわれているなか、現在は56室という規模にまで拡大しています。常に多くの方が訪れてくださっており、先のコロナ禍においても連日満室で、痛手を受けることなく営業を続けることができました。

業界全体が苦戦しているにもかかわらず、これほどまでに規模を拡大しても満室を維持できている理由は、従業員全員が本物のおもてなしとは何かを追求し、「変わらない感動」と「新たな感動」を提供し続けてきたことにあります。

変わらない感動とは、最高の接客でお客様をお迎えし、いつ訪れてもすばらしい接客が受けられるという安心感を得ていただくことです。私たちは日本旅館の特徴ともいえる食事の部屋出しと仲居の担当制に徹底してこだわり、お客様一人ひとりに合わせた細やかな心遣いで最高の接客を追求しています。

新たな感動とは、訪れるたびに前回までとは違った新鮮さを感じていただくことです。そのために、季節にあわせてこまめに献立を変えたり、露天風呂付き客室の増室をしたりといったブラッシュアップを欠かしません。前回とは違った愉しみを提供する努力と工夫の積み重ねが、お客様の「また来たい」という想いを生み出すのです。

本書では、変わらない感動と新たな感動の2つを融合させることでリピーターの絶えない旅館をつくる私たちの「おもてなしの神髄」について、考え方から実践方法までを詳しく説明しています。それらのすべてが最初からうまくいったわけではなく、予期せぬ失敗を経験して試行錯誤したものも少なくありませんが、そうした過程も包み隠さず記しています。

本書がホテルや旅館経営者、観光業・サービス業に興味があるさまざまな方にとってホスピタリティを向上させるヒントを与え、旅館復興の一助となれば、これほどうれしいことはありません。

第1章 外資系ホテルや民泊の台頭、止まらない客離れ 衰退の一途をたどる旅館業界

第2章

変わらない感動と新たな感動の融合こそ「おもてなしの神髄」

ホスピタリティの向上でリピーターの絶えない旅館になる

第3章

一人ひとりに合わせた細やかな心遣いで「変わらない感動」を──

仲居の個性と感性を発揮させることが最高の接客につながる

第4章

進化し続ける料理と客室で「新たな感動」を――
徹底的な顧客満足の追求がお客様の〝また来たい〟を生む

第5章

旅館のおもてなしは日本の文化

古き良き伝統を守り継ぎ、現代のニーズにも応えられる旅館へ

第1章

外資系ホテルや民泊の台頭、止まらない客離れ

衰退の一途をたどる旅館業界

旅行会社への販売依存が招いた衰退の道

伊豆半島の東沿い、静岡県東伊豆町の小さく突き出た岬にある稲取で約57度の天然温泉が湧出したのは１９５６年で、これが稲取温泉の始まりです。伊豆七島を展望できる太平洋の雄大な眺めを楽しみ、ゆったりと癒やしの時間を過ごせる温泉地として広く人気を集めています。

そんな稲取の地で60年以上の歴史をもつ「食べるお宿浜の湯」は、太平洋を一望できる稲取屈指のロケーションと、新鮮な海の幸が所狭しと並ぶ「食べるお宿」の名に恥じぬ料理で、稲取でも随一の旅館として高い評価をいただいています。また、古き良き旅館文化である食事の部屋出しと仲居の担当制を貫き、お客様が仲居や浜の湯のファンになってくださることで、日本でも有数の高いリピート率と客室稼働率を誇る旅館としての地位を築いてきました。

しかしここまでの道のりは決して順風満帆だったわけではありません。

日本の旅館業界が急速に発展したのは高度経済成長期の1960年代後半以降です。全国の旅館数の推移を見ても、1965年以降の10年間で約1万5000軒も増え、1980年代には8万3000軒を超えてピークに達しました。その要因となったのは団体旅行の増加です。例えばバスを4~5台も使って行く東北4泊5日の旅といったような団体旅行が活発に実施されるようになったのです。

日本各地の温泉地では団体客に向けた大型旅館の新規オープンが相次ぎました。古くからあった小さな旅館も団体客に対応するために施設の規模を拡張し、大きな宴会に対応できる広間を設けるなどして大型化していきました。団体旅行は1980年代後半以降のバブル期まで増え続け、多くの旅館が団体客に依存した経営になっていったのです。

しかしそのことによって旅館関係者は、一人ひとりのお客様を大切にするという、サービス業で最も重要な顧客満足を軽視するようになりました。宿泊客個人よりも団体客をとりまとめる旅行会社の顔色ばかりうかがうようになってしまったのです。自分の好きな宿だから……と自ら予約してリピートしてくれる個人客とは違い、団体客は旅行会社のあっせんがないと集客が困難です。そして、個人客より団体客を獲得するほうが、旅館としては一度に大きな利益が得られます。そのため、お客様一人ひとりの満足を高める経営努力をするよりも、団体客を呼び込んでくれる旅行会社の要望に応じたほうが、旅館としては手っ取り早く稼ぐことができると考え、旅行会社の要望に合わせた施設づくり、料理づくりを優先する旅館が増えていきました。

例えば、団体客に10〜15部屋をあてがう際、部屋ごとに造りや雰囲気が異なるのは歓迎されません。団体旅行で同じ金額を払っているのに、なぜ部屋ごとに差があるのかと団体客からの不平不満の種になってしまうからです。そのため、旅行会社から同じ仕様の部屋をたくさん造ってほしいとの要望に従ってしまった旅館が多かったのです。

料理もツアーのパンフレットに掲載している写真と内容が異なると、クレームの原因になります。ツアーの営業を担当している旅行会社がクレームを受けることになるため、いつも同じものを提供してほしいと要望されます。そうして季節感に乏しく、工夫のない、本来の価値を失った料理を提供する旅館も増えていきました。

このように宿泊客のことを考えるのではなく、旅行会社の顔色ばかりをうかがうようになってしまったことは、大きな過ちだったと言わざるを得ません。旅行会社の要望に合わせた施設づくり、料理づくりによって集客していた団体客は、バブル崩壊以降はどんどん減少し、旅館業界が衰退する原因になってしまったからです。旅行会社が団体・グループ客のマーケットを掘り起こし、旅館業界の発展に大きく寄与したのは間違いないことですが、その弊害も甚大だったのです。

そして、あまりにも団体客に依存し過ぎたことで、日本旅館の本来のおもてなしという、旅館業界が本来堅持すべき大切なものを失っていくことになります。団体客にとって使い勝手のよい旅館ばかりが増え、個人客を一人の仲居が心を込めてもてなす、きめ細かいサービスにこだわる旅館はどんどんと減ってしまいました。おもてなしの軽視が、旅館業界が衰退する大きな要因になったのです。

接客も料理も効率優先になった

団体・グループ客を主体にすると接客も料理も効率優先になり、おもてなしの軽視は歯止めがきかなくなっていきました。例えば、部屋食のサービスが形骸化していきます。

日本の旅館では、昔から食事はお客様の部屋まで持っていくという部屋食のスタイルでした。それは旅行業界で団体・グループ客が増えても、しばらくは多くの旅館で維持され、仲居も完全担当制でした。しかし、旅館のおもてなしはだんだんと中身が伴わなくなり、文字どおり形だけになっていきました。団体・グループ客を主体にすると、どうしても効率優先になり、きめ細かいサービスを提供するのは難しくなるからです。

団体・グループ向けのサービスでは、一度に多くの人数に対応しなければならないため、とにかくスピードが重視されます。団体・グループ客一人ひとりの気持ちをおもんぱかるような余裕はありません。そうした効率重視のサービスが当たり前になると、個人客向けに対してもきめ細かいサービスができなくなってしまうのです。団体・グループ客向けと個人客向けのサービスを、うまく使い分ければよいと思うかもしれませんが、一口で言うほど簡単ではありません。団体・グループ客向けの効率重視のサービスは、一人ひとりに合わせるわけではないので画一的にマニュアル化もしやすく、接客のスキルとしては難易度が下がります。一度簡単なことに慣れてしまうと、団体・グループ客向けの効率重視のサービスに慣れてしまったスタッフが、急に個人客向けのきめ細かいサービスを提供しようとしても、そうそううまくはいかないのです。

料理についても、団体・グループ客に提供している具材もメニューも、そのまま同じ内容で個人客に提供する旅館が増えていきました。そのほうが調理や提供の手間が減り、効率的だからです。しかし、本来宴会が目的でお酒が中心の団体客向けの料理と、じっくりと味わって楽しんでもらう個人客向けの料理は似て非なるものです。旅館としてもそれを分かってはいても、団体・グループ客が主体になると、わざわざ個人客向けの料理を別に用意するのが面倒になってしまいました。

こうして多くの旅館が効率を優先してしまったため、当然ながら接客と料理の質は低下していきました。宿泊単価が多少高くても、日本旅館ならではのきめ細かいサービスやより上質な料理を堪能したいと、高品質を求める個人客は一定数存在しているのに、そのニーズに応えることができる旅館は減少していったのです。

バブル崩壊から今に続く団体・グループ客の減少

団体客の増加がピークを迎えたバブル期の国内では、個人客だけで経営が成り立つ高品質・高単価の旅館はほんのわずかしかなく、そうした旅館は部屋数が10部屋前後の小規模でごく一部の高級旅館だけでした。

その他の多くの旅館は規模の大型化を図って団体客を主体にしていました。バブル期であったので高単価の宿泊客を集めやすかったはずですが、団体客で高単価のツアーはあっても、個人客を主体に高品質・高単価を目指すケースは大型旅館ではほぼ皆無だったのです。それだけ団体客のツアー施行件数が多く、それによって多くの旅館は経営が潤っていました。

しかし、バブル崩壊によって状況は一変します。景気後退とともに企業の慰安旅行などが減り、団体客がどんどん減少していったのです。さらに、団体旅行のように大勢で

図表1　宿泊施設の倒産件数

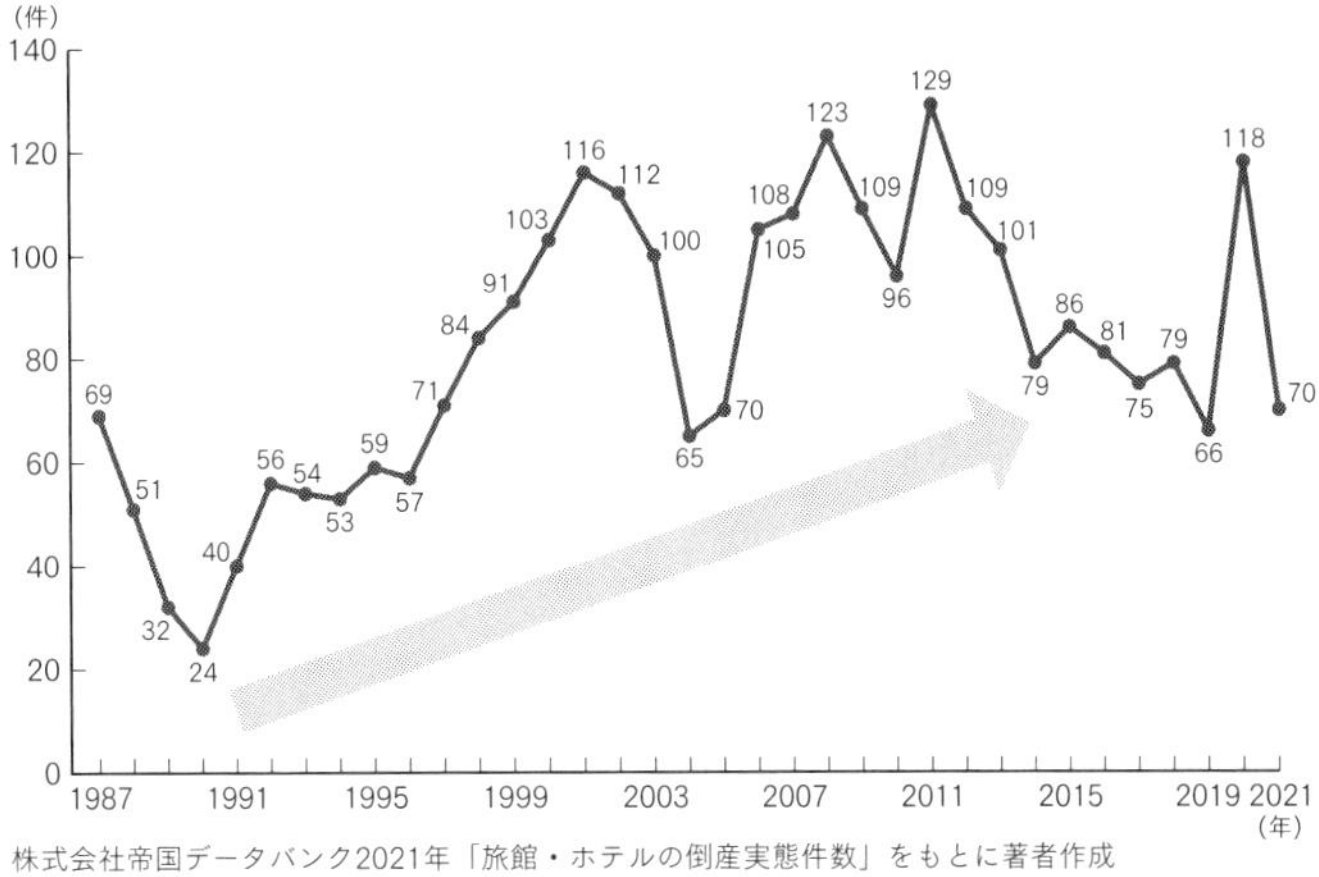

株式会社帝国データバンク2021年「旅館・ホテルの倒産実態件数」をもとに著者作成

同じ行動を取ることを敬遠する人が増え、2008年9月のリーマンショックや2011年3月の東日本大震災、そして最近では2020年に始まった新型コロナウイルス感染症拡大などで団体客はさらに減りました。バブル崩壊後の団体客の減少は一時的なこととして終わらず、現在に至るまで続いています。

それでは、ターゲットを団体客から個人客にシフトすればよいのではないかと考えるところですが、それができた旅館はほとんどありません。団体・グループ客を主体にして、接客や料理のレベルを落とした旅館が、再度おもてなしのレベルを上げるには相当の覚悟と努力が必要であるため、ほとんどの旅館が最初から無理だと諦めてしまったのです。そうして多くの旅館が、団体客の減少とともに業績も低迷し閉館を余儀なくされました。

宿泊施設の倒産件数は増加を続けており、2015年以降から新規の宿泊施設が増加する一方、倒産する施設も並行して増えていることが分かります。加えて近年では新型コロナウイルス感染症の影響を受けて旅行者が激減してしまったこともあり、従来のシステムや価格設定では対抗できなくなった老舗旅館ほど、経営に苦しむ傾向にあります。

その結果、有名温泉地でも大型宿泊施設の倒産が相次いでいるのです。

団体・個人の両取り狙いの旅館が増えた

バブル崩壊から現在に至るまで、団体客が減少し続けてきたことは、旅館の経営者であれば誰もが分かっていたことです。とはいえ、団体客が減少しているといっても、急にゼロになるわけではなく、一定程度の需要はありました。集客できれば売上額も大きい団体客に完全に見切りをつけ、個人客にシフトするというわけにはなかなかいかなかったのです。

しかも、個人客にシフトしたからといって、必ず集客できるとは限りません。これからは個人客を主体にするので、団体客のあっせんはもう必要ありませんと旅行会社に意思を伝えてその言葉どおり成功できればよいですが、失敗したら目も当てられません。個人客にシフトして失敗し、改めて団体客をターゲットにしようとしても、一度断たれてしまった旅行会社との関係を修復するのは難しいからです。

そうした結果として、団体客と個人客の両方を獲得しようとする旅館が増えました。団体客も、個人客も両取りして業績不振を回避しようとしたのです。完全に個人客にシフトするのはリスクが大きいため、両取りは当然の戦略でした。

しかし、これも旅館業界の活路を切り拓く結果には至りませんでした。もともと、個人客のマーケットは、団体客が減少した分をすべて賄えるほどには大きくなかったからです。

両方の獲得を目指した結果、業績を回復できればよかったのですが、多くの旅館が業績低迷や閉館を余儀なくされたのです。

コロナ禍による旅館業界崩壊の危機

こういった衰退傾向に拍車をかけたのが、2019年12月頃から全世界にパンデミックを引き起こした新型コロナウイルス感染症でした。日本国内でも感染者が急増し、それまでインバウンド需要に頼りきっていた観光業の業績は一気に下降線をたどり、その影響を最も強く受けたのが旅館業でした。

新型コロナウイルス感染拡大防止のため国際的な往来の制限を実施したことにより、観光客数の減少など大きな影響を受けました。特に、コロナ禍以前は毎年のように増えていた外国人旅行者が大幅に減少しました。

2021年に国土交通省が発表した「新型コロナウイルス感染症による関係業界への

図表２　宿泊業で2020年の予約状況が2019年同月比で7割以上減少したと回答した事業者の割合

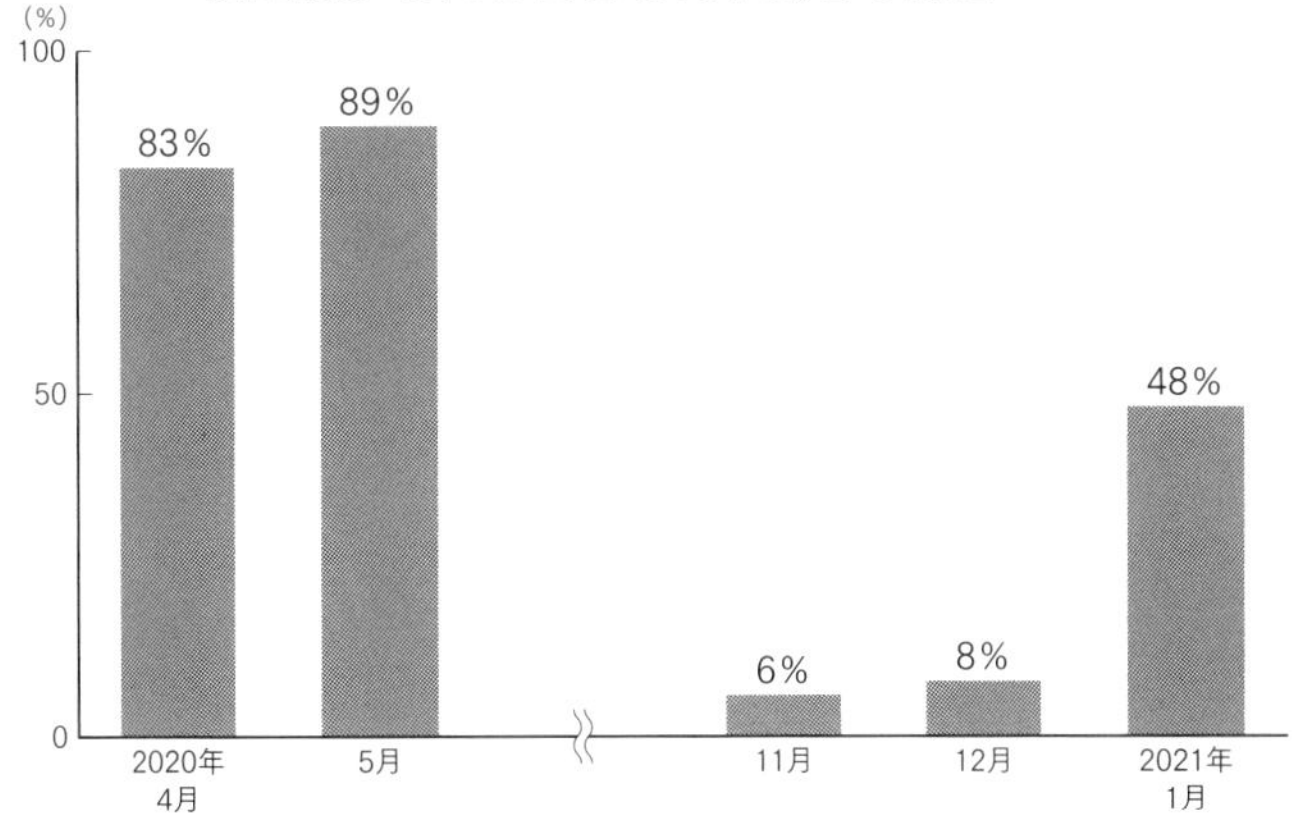

国土交通省「国土交通白書 2021」

影響について」の調査結果によれば、宿泊業で２０２０年の予約状況が２０１９年同月比で７割以上減少したと回答した事業者の割合は、緊急事態宣言が発出された直後の２０２０年５月は89％となり、ほとんどの事業者に極めて大きな打撃を与えました。

その後、Ｇｏ Ｔｏトラベルの効果などで11月は６％、12月は８％まで減ったものの、２０２１年１月には再び48％まで増加し、非常に大きな影響を受けたことが分かっています（図表２）。また、同じ調査によれば、旅行業の予約状況は緊急事態宣言が発出された直後の２０２０年５月は前年同月比で99％減少し、Ｇｏ Ｔｏトラベ

図表3　旅行（大手・国内旅行）の2020年予約状況（2019年同月比）

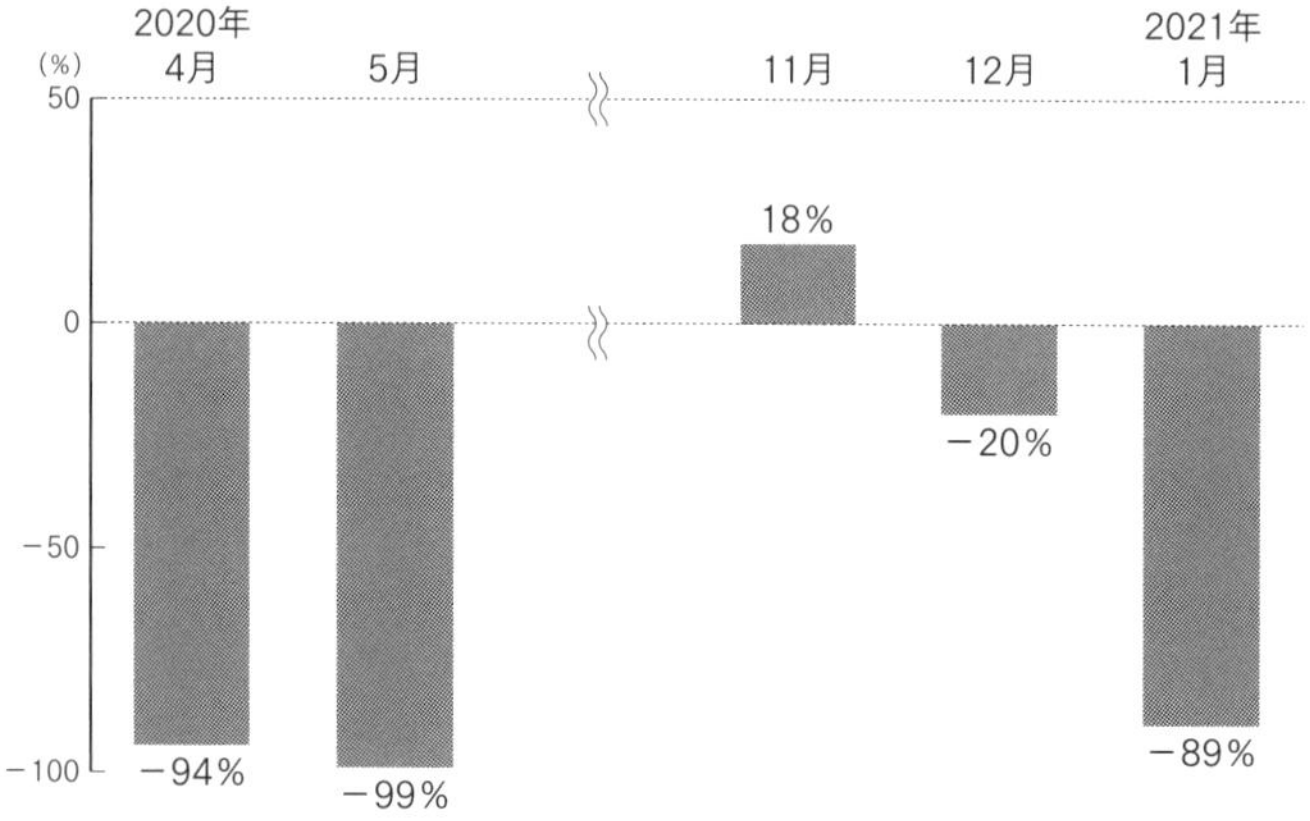

国土交通省「国土交通白書 2021」

ルの効果で11月は前年同月比プラス18%まで回復したものの、２０２１年１月には89%減少と、非常に大きな落ち込みとなっています（図表3）。

これによって日本各地の旅館業は壊滅的な打撃を受けました。旅館業だけでなく、観光業全体が極端な落ち込みを見せ、団体・グループ客に対応するために拡大を続けてきた巨大ホテルは影響をもろに受けることとなったのです。多くの人が感染を恐れて外出を控え、旅行はおろか他県への移動すら制限される事態となりました。その結果、多くのホテル・旅館も休業を余儀なくされ、従業員の一時解雇をせざるを得ない状況にまで追い込まれました。

巨大なホテルチェーンや親会社に大企業がついているような宿泊施設であればなんとか耐えられたかもしれませんが、資金力に乏しい中小の旅館などは相次いで倒産、廃業していったのです。

また、コロナ禍だけでなく、旅館に対する逆風となっているのが大手チェーンと異業種の参入です。

２０１９年に観光庁観光産業課が発表した「観光や宿泊業を取り巻く現状および課題等について」に記載された宿泊施設数のデータから、ホテルと旅館の軒数および客室数の比較が読み取れます。

図表4を見るとホテルの軒数が増え、旅館の軒数は減っていることが一目瞭然です。さらにホテルは旅館に比べて、1施設あたりの客室数が多いことが分かります。ビジネスホテルなど大手ホテルチェーンは、首都圏以外の地方にもビジネスやスポーツ観戦、イベント観覧などの宿泊需要の可能性を見込んで参入を続けています。昨今では大手の不動産会社や飲食店企業がホテル展開を進め、経営危機の旅館を買収して高級ホテルと

図表4　ホテルの増加と旅館の減少

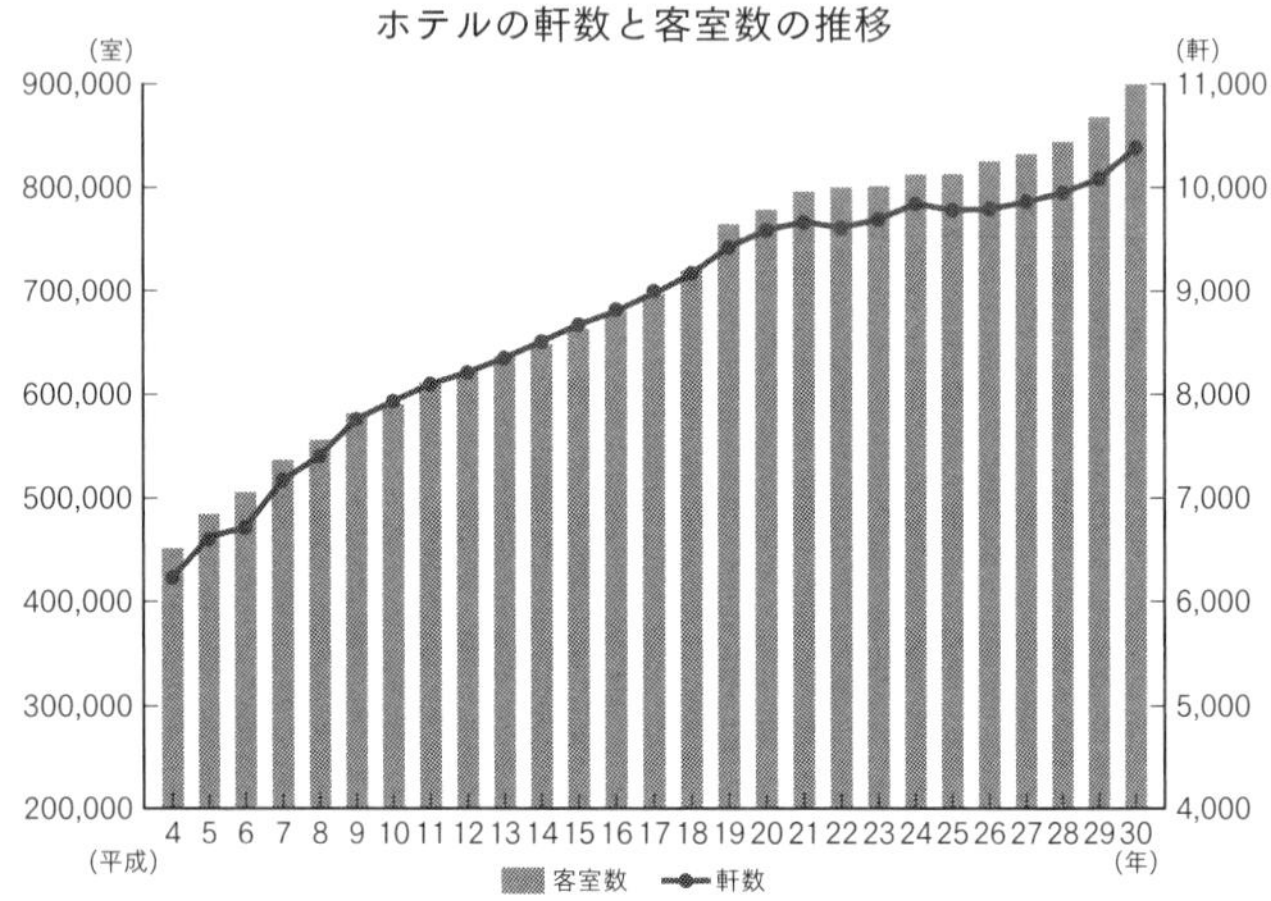

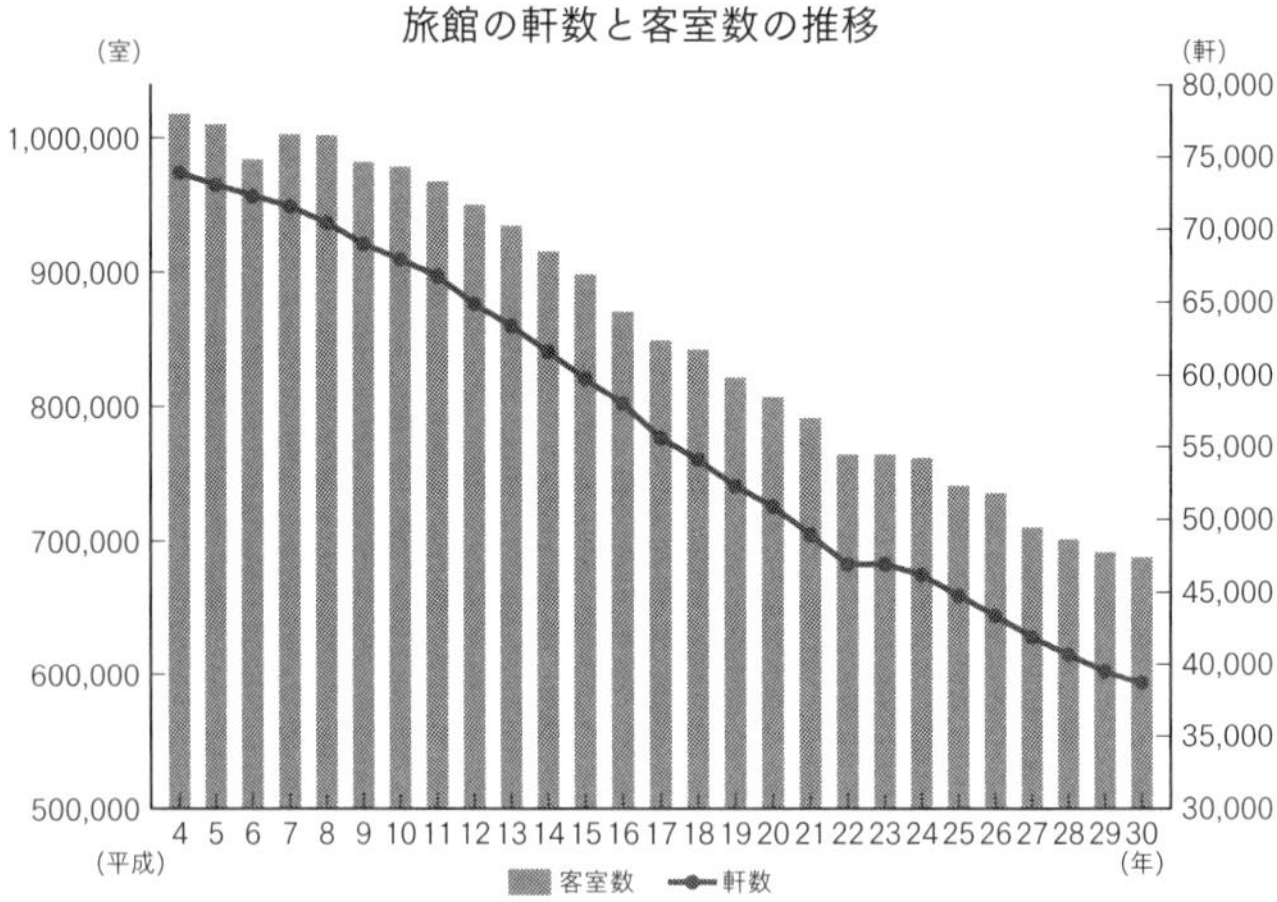

厚生労働省「衛生行政報告例」※各年3月現在の数値

して再生させるなどしています。このように異業種の大手企業が積極的に宿泊業に参入するようになってきたことが、ホテル軒数の増加につながっているのです。

コロナ禍で個人客へのシフトが急加速

今になって振り返ると、過去にも旅館業界が個人客の重要性を痛感する機会がありました。リーマンショックや東日本大震災で旅行客が減った際に、最初に客足が戻ったのは団体・グループ客ではなく個人客です。旅館業界は個人客の重要性を痛感し、社会情勢に左右されにくい個人客を獲得することが堅実経営につながることを再認識していたのです。しかし、それでも団体・グループ客に見切りをつけ、完全に個人客にシフトする旅館は相変わらずほとんどありませんでした。中途半端に団体・グループ客も個人客も獲得しようとする旅館が大半だったのです。

そうした状況で直面したコロナ禍によって旅行業界は大打撃を受け、なかでも壊滅的に減ってしまったのが団体・グループ客です。密集などのいわゆる3密を避けるという感染防止の観点から仕方なくそうなったわけですが、これによって生き残るために大きく方針を転換し、宴会場をなくすなどして完全に個人客にシフトする旅館が増えるようになりました。

背景には、コロナ禍の特別融資や補助政策金が実施されたこともあります。特別融資や補助金を使って、露天風呂付きの部屋などを新たに造ることができたのです。こうして客室などの設備面では、個人客向けの魅力を打ち出した旅館が増えていきました。

しかし、資金をかけて設備面は強化できても、人材がカギとなる接客や料理の質の向上は一朝一夕にはいきません。それまで団体・グループ客に依存していた旅館が、すぐに高品質・高単価を実現できるほど旅館業は甘くないのです。実際、露天風呂付きの部屋を造っても、接客や料理の質が伴っていないと高い評価を得られず、当初予定していた宿泊単価よりも値下げして集客している旅館も見受けられ、一部には、個人客にシフトしたことを早くも後悔している例もあると聞きます。団体客にも個人客にも振り切れなかったどっちつかずで中途半端な形態が顧客離れを招き、自分で自分の首を絞めてしまっているのです。

個人客にシフトすることは、その場しのぎの目先の対策であってはなりません。最初からうまくいかなくても、新しい旅館に生まれ変わるために決して諦めないという強い覚悟をもつことが何よりも重要です。そして、多少時間がかかっても、接客や料理を含めたすべての質を向上させていくことが必要なのです。

もう一つの危機、人材難

接客にしても料理にしても、質の向上のために最も重要なのが従業員です。私の旅館に限らず、どこの宿泊施設でも深刻な人材不足に陥っており、人材確保のためにさまざまな方策を取っています。

これは従来の経営難に加えてコロナ禍によって倒産、廃業した旅館で解雇せざるを得なかった従業員や一時解雇した従業員が、別の職場に就職したことで、人材が確保できなくなったことが大きな要因の一つです。さらにベテランの仲居や料理人などは高齢を理由に引退してしまうこともあります。そうかといって未経験の新卒の人材を採用しようにも、そもそも学生の旅館業に対する認知度は低く、接客業であることは知っていても、実際にどのような仕事なのかについてはなかなか知る機会がありません。したがって職業としての人気も低いのが実情です。

また、採用できたとしても、本物のおもてなしを宿泊客に提供するためには従業員に対する十分な教育が大切であり、当然、研修期間もその間の給与などの費用も必要となります。

もう一つ、ここ数年大きな課題となっているのは事業継承です。旅館の経営者も高齢となり、事業を引き継ぐ人材が必要となってくるのですが、例えば家族、親族に後継者が見つからないというケースも増えています。

旅館の場合、創業者の子どもが引き継ぐ形が一般的であり、私もその一人でした。しかし昨今の少子化もあり、子どものいない経営者や、いたとしてもまったく別の仕事に就いて家業を継がないという話がよく聞かれるようになりました。

旅館の場合、その宿独自のカラーやルール、不文律も存在するため、簡単に外部の人間に任せることはできません。さらに旅館は地域に密着した存在であるため、地元の組織や関係者とのつながりも非常に重要になってきます。

従業員だけでなく経営者という旅館の中心となる人材が不足している現実は、経営的な問題よりも重大な問題といえます。それはどちらも旅館の要であり、未来を担う重要な人材だからです。

個人客に特化した経営戦略

人材不足解消のためには、実は以前のように団体・グループ客を主体にした経営のほうが効率的だといえます。経営面でも全面的に否定する必要はなく、昔ほどではないにせよ、今でも団体・グループ客の需要はありますし、今後も完全になくなることはないはずです。

バス1、2台分といった団体客を獲得すれば、一度に大きな売上を確保できますし、団体・グループ客に特化した旅館にも勝機はあると思います。旅行会社との協力体制を強固にし、そういった顧客に喜ばれる魅力を徹底して追い求めるような旅館です。

しかし、実際は中途半端に団体・グループ客と個人客の両方とも獲得しようとしている旅館がほとんどです。なかには、団体・グループ客と個人客をともにしっかりと満足させ、絶妙なバランスで両方とも獲得している旅館があるのかもしれませんが、私の経験上、両取りは本当に難しいことだと思います。

私は、個人客に特化し、日本旅館の本来のおもてなしを追求することが、これから旅館が勝ち残っていくための有力な戦略の一つであると考えています。そして私の旅館がそれを体現した好事例であると自負しています。

まず、宿泊単価の高い低いに関係なく、個人客に特化して多くのリピーターを獲得できた場合、旅行会社に支払う手数料や広告宣伝費を削減できることは大きなメリットになります。旅行会社の紹介やあっせんがないと集客できない旅館は、常に手数料を払い続けなければなりません。旅行会社に頼らなくても新規客の獲得にはそれなりの広告宣伝費がかかります。

しかし、個人客に気に入ってもらって、自ら直接予約してくれるリピーターを多く獲得できれば、そうした手数料や広告宣伝費は少なくて済み、削減できた経費を人件費や食材費に還元して接客や料理の質の向上に活かすことができます。こうした好循環が生まれることは経営の大きな強みになるのです。

実際に私の旅館は、Ｗｅｂの旅行サイト経由の予約も増えている一方で、今でも電話やメールで直接予約してくれるお客様が約５割を占めます。私の旅館のように50室以上の規模がある旅館で、直接予約の割合がこれほど高いケースはほかにそう多くはないと思います。個人客に特化したことで、多くのリピーターを獲得することができ、それによって人件費や食材原価に還元することができるのです。

さらに、個人客に特化して接客や料理の質を向上させ、価値の高さで勝負することができれば高品質・高単価を実現しやすくなります。決して簡単なことではありませんが、実現できれば売上や利益のアップも大いに期待できることから、戦略面での大きな長所でもあるのです。

個人客に特化し、日本旅館の本来のおもてなしを追求することは、訪日外国人客、いわゆるインバウンド戦略でも非常に有望です。わざわざ日本にまでやってきた外国人旅行者が体験したいのは、日本らしさであることは言うまでもありません。旅館に泊まることによって、日本らしさを存分に体験してもらえるのが日本旅館の本来のおもてなしであり、インバウンド戦略でも大きな強みになるのです。私の旅館では日本人だけでなく、外国人の宿泊客にもおもてなしに感激してもらっているのでこの点も実証済みです。

このように今では多くの顧客に支持されるようになった浜の湯も、かつては客室が5室しかない小さな釣り宿でした。それが「食べるお宿」として料理を前面に押し出し、稲取でも評判の旅館となれたのには、さまざまな紆余曲折といくつもの学びがありました。

第2章

変わらない感動と新たな感動の融合こそ「おもてなしの神髄」

ホスピタリティの向上でリピーターの絶えない旅館になる

「食べるお宿浜の湯」おもてなしの原点

浜の湯の始まりは1960年代にさかのぼります。もともと船乗りだった祖父が仕事を辞め、地元に湧き出た温泉を利用して住民のための銭湯「浜の湯」を開業したのです。やがて銭湯の2階で私の父が食堂を始め、釣り人のための釣り宿として営業するようになりました。最初は客室が3室しかない、1泊1800円の簡易宿で、1969年に客室が5室の民宿になり、このときに食堂はやめ、宿泊業に専念することにしました。当時は海の見えない場所でしかも稲取でも後発の開業という大きなハンディを背負ってのスタートでしたが、その後海の見える現在の地に移転し、祖父や父は懸命に頑張ってきたのです。

父が食堂を始めた頃、大雨の日に一隻のヨットが稲取の海岸に漂着しました。船内に水が溜まり、とても困っていた男性を祖父がたまたま見かけて声を掛け、ヨットの係留申請を代理で出して許可を取りました。それだけでなく、その日の食事と宿泊の面倒も見たのです。なんの面識もなかったけれど、困っている男性を放っておかず親身に世話をした祖父に男性はたいへん感激し、数年後、稲取の祖父を再訪しました。再会のとき、男性が当時すでに人気作家だった石原慎太郎さんだったと、祖父は初めて知ったのです。

祖父は有名人だからと接し方を変えるわけでもなく、頑固でぶっきらぼうなところがある漁師気質でした。誰に対しても分け隔てなく接する飾らない人柄で、しかも知らない人でも困っていたら放っておけずに親身に寄り添い、人との出会いをとても大切にする、そんな人でした。慎太郎さんは祖父を随分と気に入ってくれたようで、自身で泊まりに来るだけでなく、数年後には慎太郎さんから話を聞いた弟の裕次郎さんも俳優仲間とともに浜の湯に泊まりに来てくれるようになったのです。昭和を代表する人気俳優の裕次郎さんや俳優仲間まで来てくれて、祖父や父は感激する一方で、まだ粗末な宿の頃でしたので、有名人が泊まるようなきれいな宿ではないのにと恐縮したと聞きます。

慎太郎さん、裕次郎さんにそこまで気に入ってもらえたのは、根は優しい祖父の誠実さと人間味、そして何より行動の一つひとつに温かいホスピタリティがにじみ出ていたからだと思います。浜の湯のおもてなしのいわば原点として、私はこの出来事を胸に刻んでいます。

進化し続ける「接客」「料理」「施設」

旅館業を営むにあたっては、おもてなしがお客様の満足度を決める重要なポイントになります。お客様に質の高いサービスを提供し、すばらしいおもてなしを受けたと思ってもらうことが大切なのです。

しかし、今に至るまでに年月を要したのも事実です。父がやっていた旅館の経営に私が携わるようになったのは30年以上前の１９８９年で、以来旅館ならではのおもてなしとは何かを自分なりに掘り下げてきました。

また、浜の湯の個人客を主体にした高品質・高単価の旅館経営は、同業者から「ほかの旅館では無理。浜の湯にしかできない」と言われることが少なくありません。しかし、それは現在の浜の湯しか見ていないからです。昔の浜の湯は、文字どおりのおんぼろ旅館で、さらに一時期は団体・グループ客を主体にしていました。

そんな旅館が、個人客を主体にした高品質・高単価の旅館に生まれ変わったのです。

そうした歴史も知ってもらうことで、私たち浜の湯のやり方がより多くの旅館関係者の参考になるのではないかと思っています。

父の頑張りで海が見渡せる現在地へ移転

父が1969年に始めた現在の浜の湯の前身である客室5室の民宿は、海が見えない場所にありました。伊豆稲取と言えば眺望のよい旅館が多いため、まったく海が見えないことをバカにされることも少なくありませんでした。

しかし、だからこそ父は相当に頑張ったようです。料理に力を入れるなどして、リピートしてくれるお客様を増やしました。「なんとしてでも海の近くに宿を建てたい」という思いが原動力になったのです。そうして開業から8年後の1977年、浜の湯は海が見渡せる現在の場所に移転し、20室の旅館になりました。

20室の規模になれば、当然ながら5室のときよりも相当にお客様を増やさないと稼働率は上がりませんが、父はさらに奮闘して経営を軌道に乗せます。現在まで続くコンセプトの「食べるお宿」という特色をこのときから打ち出し、いち早く朝食でも刺身の舟盛りを提供するようになり、ますます料理に注力することで評判の旅館になったのです。

20室の旅館になっても、客室などの設備面はまだまだ粗末なものでした。潤沢な資金があったわけではなく、低予算で造らざるを得なかったからです。それでも評判を得られたのは、お客様に「ここはお世辞にもきれいとは言えないけれど、料理を食べたいから来た」とよく言われるほど、料理が魅力的だったからです。1万5000円という宿泊料金で、食べきれないほど盛りだくさんの料理を提供していました。

実際、料理には相当の原価をかけていました。そして、それができたのは旅行会社との取引がほとんどなかったことが大きな理由です。取引があれば、あっせん料として宿泊単価の20％程度を支払わなければなりませんでしたが、その費用が発生しなかったため、料理に注力できたのです。

これはあえてそうしたというよりも、旅行会社に相手にしてもらえる旅館ではなかったというのが実情です。私たちのようなおんぼろ旅館は、お客様をあっせんできないと見向きもされなかったのです。20室の旅館だったときに、私も大手の旅行会社に営業に行ったことがあります。そのとき私が手渡したパンフレットを目の前でゴミ箱に捨てられるという経験をしました。父も私もそうした悔しさをバネにして奮闘したのです。

旅行会社に相手にしてもらえなかったことは、結果的には幸運でした。宣伝はできなくても、口コミで個人客に広がり、リピートしてくれる人が増えたのです。宿泊客が増え、繁盛旅館になれることを私は実体験として知ることができました。まだ20代で人生経験が浅かった私でも、一生懸命に接客をすれば、年配のお客様にも気に入られリピート客になってもらえたことは大きな喜びでした。浜の湯が個人客を主体にした旅館へと、いち早く大転換を図ることができたのは、こうした実体験があったことも大きな理由の一つです。

最初はまったく継ぐつもりがなかった

私は、さまざまな苦労をしながらも30年以上にわたって旅館業に携わることになりましたが、もともとは家業を継ぐつもりはありませんでした。両親が忙しくて食事を作ってもらえず、100円玉をもらってパンを買いに行くのが日常茶飯事だった私は、子どもながらに旅館業を嫌っていました。小学校のときの作文に書いた将来の夢は、ごく普通のサラリーマンになることでした。

東京の大学に進学した際も、旅館業とはかけ離れた情報系の学部を選びました。父からも好きな道を選んでいいと言われていたため、大学4年の就職活動のときまで自分が旅館業を継ぐことになるとは思ってもいなかったのです。

私の考えを覆したのは祖父でした。歳を取った祖父がわざわざ東京に出てきて私に会い、長男が継がないなんてありえないと説得したのです。私はじいちゃん子だったこともあり、祖父の頼みを断りきれず、仕方なく故郷に戻ることにします。そうして大学卒業後、現場修業のためにほかの旅館で見習いも経験し、その後浜の湯に戻ってきたのです。

ただし、当初は継ぐふりをするために4～5年だけ働こうと考えていました。祖父の手前、故郷に戻ったものの、本気で継ぐつもりはなかったのです。それでも徐々に私は旅館業に魅力を感じるようになります。

お客様から「またお世話になるよ」「今回もおいしい料理を期待しているよ」などと声を掛けてもらうと、こちらも心温まるものを感じ、お客様の楽しい時間やひとときの休息に寄与できる旅館業に誇りをもてるようになりました。気がつけば、自分の代で浜の湯をさらに成長させてみせよう、と野心を抱くようになっていたのです。

父と私で考え方が一致した「仲居の重要性」

私が浜の湯に戻ったあと、経営に深く関わるようになればなるほど、父と衝突する機会も増えました。親子で商売をすると意見の違いで衝突するのはよくあることで、父と私も例外ではなかったのです。

しかし、「お客様は人に付くのだから仲居の接客サービスが重要だ」という点については、不思議と父も私も考え方が一致していました。料理だけでなく、お客様を担当する仲居の存在も、リピーターの獲得に欠かせない要素であることを父はよく分かっていたのです。実際に、当時も仲居がリピーターのお客様に指名されることがよくありました。正直、当時の仲居には教育と呼べるような指導もできておらず、接客のマナーもあってないようなものでしたが、お客様をもてなすホスピタリティの精神はしっかりともち合わせていたのです。

例えば、実家がミカン畑を所有している仲居は、お客様をお見送りする際にお土産としてミカンを手渡していました。そうすると、お客様が次に宿泊したときにはその仲居に手土産を買ってきてくれるのです。こうしたホスピタリティを通して築かれるお客様と仲居のきずなのようなものが、リピーターの獲得につながっていきました。人と人との心のつながりを何よりも大切にするのは、現在の私たちのおもてなしの基本姿勢です。

また、父は食事の部屋出しにもこだわっていました。宴会場は用意していましたが、ほかの旅館がバイキングなどをやり始めても、個人客に対しては食事の部屋出しを貫きました。安易に合理化はしない、非効率であってもお客様との接点を大切にする、といった今につながる私の考え方も、実は父譲りの伝統なのです。

1995年に22億円の設備投資で44室に

浜の湯は1995年には、22億円の設備投資によって中央館と北館からなる8階建て・客室44室の旅館へと規模を拡大しました。それなりの繁盛を続けてきた実績を見込んで銀行も融資してくれたのです。

バブル崩壊後で、しかも1店舗しかない零細の旅館が22億円もの融資を受けることができたのは、ある意味奇跡的でした。実際に最初は銀行に相手にしてもらえず、せいぜい3億〜4億円が限度と言われていました。そうしたなかで、ある銀行の支店長が、「広告宣伝費ゼロで繁盛してきたのはすごいことだし、この旅館は将来性がある」と評価してくれたことがきっかけとなり、最終的に22億円の融資が下りることになったのです。そのとき、父と私の旅館業をやるからには同業者に負けない規模の大きい旅館を造りたいという夢が一つ叶ったのでした。

こうして一気に倍以上の規模に拡大した浜の湯は、それまでの個人客が主体の旅館から大きく様変わりすることになります。当時は、規模の大きな旅館を成功させるには、団体・グループ客の獲得が必須であると考えていたため、私たちも団体・グループ客を主体にした旅館となったのです。

そうすると旅行業界でちょっとした注目を集める存在になりました。バブル崩壊後の当時、大規模な投資をするような新築の旅館は、ほかにそうそうなかったからです。大手旅行会社は手のひらを返したように協定を結んでもらいたいと足を運んできましたが、こちらからお断りをしました。それまで協定を結んでくれないどころか、見向きすらしてくれなかった悔しさがあったからです。協定を結ばなかったことにより、大手旅行会社は浜の湯に送客したいのにできない状況になり、私はこれで初めて見返すことができたと感じました。

そうして1年目から計画を大幅に上回る業績を達成することができました。2年目、3年目も好調でした。当時の私は、客室や接客のレベルが多少低くても、新築できれいで圧倒的な料理のボリューム感さえあれば、団体がたくさん入って簡単に売上を上げることができると考えていました。今では考え方が180度変わって何よりも質にこだわっていますが、私にもそういった時代があったのです。

団体客を主眼にした利益アップ戦略を一時は展開

団体・グループ客を主体にしていたときも、私なりに全力で旅館経営に取り組んでいました。団体客が多くなればなるほど、利益の源が宴会の料飲売上であることに着目して対策を講じたのです。それが、宴会の座敷で活躍するコンパニオンや芸者の管理方法です。コンパニオンや芸者は自社の社員ではなく、専門の会社から派遣されてきます。

どれだけ協力的に働いてもらえるかによって、料飲売上が大きく変わってくることから、その管理方法を工夫する必要があると考えたのです。

当時、ほかの旅館では、本来は仲居が担うべき料理の給仕なども、コンパニオンに任せるのが当たり前になっていました。しかし、それではお客様と楽しく会話をしてお酌をするといったコンパニオンの仕事に専念しづらくなります。そこで、この慣習を取りやめ、仲居が本来の接客を担ってコンパニオンをサポートするようにしました。するとそれがコンパニオンにも喜ばれ、どうせ座敷に入るなら、浜の湯がいいと好感をもたれるようになりました。コンパニオンが浜の湯を良い旅館だとお客様にもしっかりとＰＲしてくれるようにもなり、協力の度合いが格段に上がったのです。

そうして、コンパニオンがより活躍しやすい環境を整える一方で、数字はしっかりと管理していきました。料飲売上などを基に、それぞれの派遣会社やコンパニオンの成績を数値化したのです。数字のよい会社やコンパニオンが優先的に座敷に入れるようにすることで、競争意識をもってもらうのが目的です。当時、ここまでしている旅館はほかになかったと思いますし、利益アップの大きな成果も得られました。

団体・グループ客を主体にしていたときの取り組みを通して、私はほかの旅館がやっていないことでもやり方次第でうまくいく、ほかの旅館がやっていないからこそ、うまくいけば大きな成果を得られるということを学んできたように思います。

先細りになる前に個人客へのシフトを決意

22億円もの設備投資は大きな賭けでしたが、毎年、当初の計画を上回る売上を達成し、返済も順調に進みました。しかし、決して安泰ではありませんでした。年を追うごとに団体・グループ客が減少していたからです。急激に売上が減少したわけではありませんでしたが、私は路線変更の必要性を感じるようになりました。利益は出ているのだから、すぐに変える必要はないと考える一方で、早めに変えないと手遅れになるという危機感も日に日に増していったのです。2000年頃、私はこのまま団体・グループ客に依存していたら先細りになる、私たちは個人客を主体にしていた経験もあるのできっとやっていけると考え、個人客を主体にした旅館に生まれ変わることを決めました。

この決断に至るまで、自分が本当にやりたいのはどんな旅館なのかと改めて自身に問いかけました。その答えが、日本旅館の本来のおもてなしを大切にした旅館です。新たに生まれ変わった浜の湯で、日本旅館の本来のおもてなしを世に知らしめたい、世界に誇れる日本旅館のおもてなしを未来につなげていきたいと強く思うようになります。

人材のことも頭にありました。旅館業が発展していくためには人材を育てていかなければなりません。旅館の仕事にやりがいや誇りを感じてもらえるようにしていく必要があり、その点でも日本旅館の本来のおもてなしを追求し、よりプロフェッショナルな人材を育成していくことが重要だと考えたのです。

正直、団体・グループ客を主体にしているときは、やりがいや誇りを感じる余裕はありませんでした。団体・グループ客を主体にしていると、宴会で酒に酔ったお客様から理不尽な文句を言われることも少なくありません。本来は謝る必要がないのに謝らなければならないのは、働く人たちにとってかなりのストレスで、なかなか仕事のやりがいも感じられません。団体・グループ客も大切なお客様であることに変わりはありませんが、こうした点にジレンマを感じていたのも、私が個人客に切り替えると決めた理由の一つです。

不可能と思われていた大型旅館の高品質・高単価

個人客に切り替えるにあたって私が参考にしたのは、10部屋程度の小さな規模で、高品質・高単価を実現していた高級旅館です。料理や接客をそうした高級旅館と同等のレベルにできるかどうかが成功のカギになると考えました。

しかし、同業者にこの話をすると、「何を夢みたいなことを言っているんだ」と言われました。高品質・高単価を実現できるのは、10部屋程度の小さな高級旅館だからであって、大型化した旅館では絶対に無理、というのが業界の常識だったのです。なかには「まだ間に合うなら、すぐに計画を撤回しろ」とまで言い切る同業者もいました。本気で心配してくれたのだと思いますが、とにかく大型化した旅館が高品質・高単価を実現するのは、それくらい難しいことだと考えられていたのです。

それでも、私の決意は揺るぎませんでした。無謀なことをしているのかもしれない、という迷いや不安がまったくなかったと言えば嘘になりますが、不思議と弱気になることはありませんでした。10年先、20年先を見据えれば、今やるしかない、という決意が迷いや不安を上回ったのです。

こうして浜の湯は個人客にシフトしていきます。２００２年の6億円の設備投資では、南館を新設して露天風呂付きの客室を8室設け、高品質・高単価に向けて施設のグレードも高めました。平日に宿泊する個人客は、年配の夫婦や女性の友人同士などの2人客が圧倒的に多いことから、２人客超重視のプラン構成という戦略も立てて、個人客の獲得に注力したのです。

数々の苦難を乗り越えて理想とする旅館へ

団体・グループ客から個人客へと完全にシフトするまでには、数々の苦難に直面しました。

例えば、個人客にシフトすることを決断した際、団体客は一日にバス1台分までと決めました。バス2台分、3台分の団体客まで受け入れてしまうと、大浴場が大変な混雑になり、それに出くわしてしまった個人客は、団体が多い旅館はこれだから嫌だと嫌気がさしてしまうからです。

しかし、2台分、3台分の予約の問い合わせがあるのに断るのはつらいものがありました。自ら売上を捨てているようなものだからです。実際に個人客にシフトしたばかりの頃は、客室の稼働率が上がらず、経営的にも最も厳しい時期でした。それでも乗り越えられたのは、ここで我慢しないと先がない、という思いがあったからです。

また個人客にシフトして高品質・高単価の実現を目指したものの、最初から理想どおりにできたわけではありません。むしろ、理想よりもかなり遠い地点からのスタートでした。

例えば食事の部屋出しの理想形は、お客様の食事のスピードに合わせてすべての料理を一品ずつ提供する一品出しです。しかし、そのためには料理提供の動線などを見直して整備する必要があり、50室を超える規模の旅館で実施するのは並大抵のことではありませんでした。さらに一品出しは、お客様に料理を提供する仲居にも、より高い接客スキルが求められます。高い接客スキルを身につけた仲居を10人、20人……と増やしていく必要がありましたが、これも短期間でできることではありませんでした。

そのため、最初からすべての料理を一品出しで提供することはできず、例えば10品のコースであれば、主菜などの2~3品だけを一品出しにしていました。そうしたレベルからのスタートでしたが、各階に料理提供の中継地点となるパントリーを設けるなどして動線を整備し、あわせて仲居の育成も進め、年々、一品出しできる料理の数を増やしていったのです。理想形に至るまでに時間がかかったため、やきもきしましたが、無理に進めてもスタッフの負担が大き過ぎると考えたのです。

ただし、そうした配慮をしたつもりでも、離職者が続出しました。一品出しなんてバカげている、こんな面倒なことはやっていられないとあからさまに不平不満を口にし、辞めていく仲居が少なくなかったのです。新たに採用した仲居からは、「私はいろいろな旅館を渡り歩いてきたけど、こんな一品出しなんてどこもやっていなかった」と言われました。

こうして仲居が激減し、臨時の派遣スタッフに頼らなければ営業できない時期もありましたが、この苦境もなんとか乗り越えることができました。そのカギになったのが、新卒採用による仲居の育成です。一からプロフェッショナルの仲居を育成したことで、私たちは高品質・高単価の旅館経営を実現していくことができました。

旅館業界の常識からいえば、団体・グループ客主体の旅館から個人客主体の旅館に生まれ変わり、大型化した旅館が高品質・高単価を実現することは奇跡のようなものでしたが、プロフェッショナルである仲居の接客を軸に、料理や施設の魅力も磨いて本物のおもてなしを追求し、奇跡を成し遂げていくことができたのです。

変わらない感動と新たな感動の融合が「おもてなしの神髄」

旅館の魅力は大きく分けると接客、料理、施設の3つです。浜の湯が今、リピーターの絶えない繁盛旅館になることができたのは、この3つをすべて強化してきたからにほかなりません。私たちは「変わらない感動」をお客様に提供し続け、さらにそれだけでなく「新たな感動」をお届けすることでリピーターのお客様を獲得することができているのです。

変わらない感動とは、いつ来ても感動してもらえる最高の接客です。お客様を出迎えてからお見送りするまで一人の仲居がお客様に寄り添う、完全担当制を貫いています。さらにお客様の食事は、それぞれの部屋で召し上がっていただく部屋出しにあくまでもこだわっています。お客様には宿泊していただくことで四季のさまざまな移ろいを心ゆくまで楽しんでもらい、眼下に伊豆大島、さらにその先に太平洋と伊豆諸島が見渡せる雄大さを肌で感じてもらいながら、仲居をはじめとしたスタッフとのふれあいを通して人と人とがつながる温かさを心で確かめてもらいたいと願っているのです。

そうした変わらない感動を提供することを通して、日本文化の象徴の一つともいえる旅館の醍醐味を感じてもらいたいと願いながら、私たちはおもてなしの一つひとつを大切にし、お客様と密接な関係を築いていきたいと考えています。

新たな感動は、私たちが常にブラッシュアップをし続けている料理や施設を通して提供していきます。「食べるお宿」を前面に打ち出している私たちは、とれたての魚介や新鮮な野菜から選び抜いた素材を活かした味づくりにとことんこだわり、舟盛りや名物の金目鯛の姿煮をはじめとした独自の料理を提供してきました。ほかでは味わえない秘伝の技と郷土の味を活かした数々の料理を常に追求し、工夫を凝らして提供するとともに、4～6年に1回のペースでリニューアルし続けている客室、星空を楽しめる露天風呂や大浴場などの施設改善によって、お客様に新たな感動を届けることができています。

こうした変わらない感動と新たな感動を大事にしながら、2つの感動を融合していくことで本物のおもてなしが実現できると私たちは考えています。

第3章

一人ひとりに合わせた細やかな心遣いで「変わらない感動」を——

仲居の個性と感性を発揮させることが最高の接客につながる

宿泊客の心と仲居の心が通い合い、生まれる感動

日本の旅館は伝統的に、お客様が旅館に到着するお出迎えのときから出発時のお見送りまで、原則同じ仲居が担当する完全担当制をとっています。旅館での食事も、夕食、朝食ともに各部屋で提供する部屋食を大事にしてきました。私たちも部屋食と仲居の完全担当制のおもてなしを今も続けています。同じ宿泊施設でも西洋スタイルのホテルとは一線を画す、日本旅館ならではの接客手法です。担当した仲居が、お客様の一日を最高のものにしてあげたいと願い、お客様に寄り添ってきめ細やかなサービスを提供することこそが日本旅館の本来のおもてなしです。

完全担当制や部屋食は、経営の合理化の観点からすれば決して効率的ではありません。例えば、食事は厨房に隣接したレストランや食事処で提供したほうが人件費の面でも効率的です。実際、国内の旅館のなかにもレストランや食事処での提供方式をとるところ

が大半を占めています。にもかかわらず、私たちが完全担当制や部屋食にこだわるのは、それこそが日本旅館が本来もつ大きな魅力であり、きめ細かなおもてなしに感動してもらえる、しっかりした固定のファンづくりの大きな武器にもなると重要視しているからです。

完全担当制や部屋食の最大の長所は、お客様との接点が多いことです。接点が多ければ、仲居をはじめとする旅館側はお客様のことをより広く深く知ることができます。より知ることによって、お客様が真に求めているサービスが何かを理解して、より実践しやすくなります。そうしたサービスを具現化し、一つひとつ積み重ねていくことで、お客様の喜びや感動は大きくなっていくのです。浜の湯では実際にお見送りのときに担当させていただいた仲居との別れをとても名残惜しんで、手を握り合ったり声を掛け合ったりしながら、涙を浮かべるお客様も少なくありません。

このようにお客様と心と心でつながることができるのが日本旅館の本来のおもてなしであり、これこそがリピーターを獲得する原動力にもなっています。同時に、仲居のきめ細やかな接客を軸に、料理の内容や客室などの設備もレベルアップしていくことでお客様の満足度はぐんと高まります。満足度アップによって、お客様の購買意欲も高まるようになり、いろいろな土産物を買ってもらえたり、次回はさらに良い部屋に泊まりたいと希望してもらえるようになったりするなどのプラス面の波及効果があり、一人あたりの客単価も上昇していきます。こうしたことがひいては価値を高めた高品質・高単価の旅館経営につながり、利益率をアップすることも可能になっていくのです。

実際に浜の湯の平均宿泊単価（大人一人あたり1泊2食付き）は年々上昇し、現在約3万9000円となり、圧倒的なリピーター率を誇っています。コロナ禍がまだ収束していなかった2022年度（2021年12月1日～2022年11月30日）でも、客室の平均稼働率は90％を超え、客室50室の規模で売上高は約15億1000万円、経常利益は2億6000万円を達成しました。金融機関の担当者から、この時期にこれだけの稼働率を誇り、これほど利益を上げている旅館はほかにないと絶賛されるほどの好業績です。

一方で私は、コロナ禍を経て衰退の一途とまでいわれている旅館業界全体の現状と課題について触れないわけにはいきません。浜の湯が完全担当制や部屋食にこだわったのは、こうしなければ自身の旅館はいずれ衰退していくに違いないと考えたからです。時代の変化とともに旅館業界が抱えてしまった課題を、いかに克服していくのかを考え抜いた結果が、現在の浜の湯の旅館経営スタイルであり、その核となっているのが、仲居がお宿の顔として活躍する接客です。

お客様からたくさんの感謝の言葉をもらう

お客様に「変わらない感動」を提供することができるように、浜の湯ではいつ来ても感動する最高の接客を目指しています。もちろん、最高かどうかを判断するのは一人ひとりのお客様ですが、私は日々、最高の接客に近づくことができている、仲居たちはそれだけの接客をしているという手応えを感じています。

なぜなら毎日、お客様からたくさんの感謝の言葉をもらっているからです。感謝の言葉は、お見送りの際などに直接伝えてもらえることが多く、仲居をはじめとしたスタッフの大きな励みになっています。さらに、宿泊した際に書いてもらうアンケートや、後日メールで送ってもらう仲居への応援メッセージなどでも、お客様からたくさんの感謝の言葉をいただいています。

それらを目にすると、本物のおもてなしを通してお客様の豊かな人生と休息に寄与している、と私も確かな自信をもつことができるのです。ここではお客様の声を仲居への応援メッセージのなかから抜粋して紹介します。

お客様の声①「昨日より1泊2日でお世話になりました。ご飯が売りのお宿とのことですが、私が感動したのはMさんのおもてなし、お心遣いでした。Mさんのファンになりました。浜の湯さんをリピートしたいです。そのときはぜひ指名させてください」

お客様の声②「1年ぶりに訪問させていただきました。到着するなり、Yさんが決して作りものでない満面の笑みと、聞き覚えのある懐かしい声で、『お久しぶりです』と迎えてくれました。部屋への案内に始まり、夕食の支度、説明、片づけまで、すべて落ちついた態度できぱきとこなしていて、1年前とは比べものにならないほど、客室係としての成長を感じました。自分の娘の成長を見ているようで、なんだかうれしくなってしまいました。朝食の舟盛りの旗や、部屋を留守にしたときにさりげなく置かれた手紙にも、細やかな心遣いが感じられ、決して押しつけではない、ソフトでナチュラルな接客態度にはとても好感がもてました。『稲取の娘』にまた会いに行きたいと思います。

それまで元気で頑張ってください」

お客様の声③「夕食時に『つい昨日プロポーズされたんです』というお話を少しだけしたところ、次の日の朝食の舟盛りに『ご婚約おめでとうございます』と直筆でのメッセージが入っており、とってもとってもうれしかったです!! そちらはうれし過ぎたため、Mさんの許可を得て家に記念で持ち帰らせていただきました（笑）。結婚前の母との二人旅でとても思い出になりました。また必ず宿泊させていただきます」

お客様の声④「彼女との記念日で僕は初めて利用しました。いつもは都内のホテルしか利用しないので、初めて旅館を記念日の日に利用しました。食事もおいしく、景色もすばらしく、何よりAさんとの会話もすごく楽しめました。私たちは若いカップルなので、歳も近く、Aさんも少しカジュアルな感じでお話しできたので、堅い接客ではなくとてもリラックスして楽しめました。食事のときの舟盛りの旗に手書きでメッセージを書いてくれたこと、翌日の朝食のときの舟盛りにも手書きでメッセージを書いてくれたことは、感性を揺さぶられました。Aさんのサービスは本当に温かく、私たちの記憶に残るおもてなしをしていただきました」

これらの声から分かるように、「変わらない感動」を追求した私たちの接客は、担当した仲居が一人ひとりのお客様に寄り添います。一人ひとりに合わせた細やかな心遣いで信頼やきずなを築くことで、多くのお客様から「また会いたい」「次に来るときは指名します」という言葉をもらっています。

こうした心を大切にした接客は、型にはまったマニュアルでは実践することができません。接客の大きなポイントは、仲居の個性と感性を発揮させることにあります。このお客様にどのようなお声掛けをすれば喜んでもらえるのか、このお客様に何をすれば感動してもらえるのかなどを、仲居が自身の個性と感性を活かしながら実行するのです。実際に私は仲居たちに、お客様のためにひらめいたことはすべて実行するようにと伝えています。

ただし、仲居に個性と感性を発揮させるには、欠かせない条件があります。一つは日本旅館の基本的な特徴を大切にしていることです。例えば、着物を着た仲居の接客は、当然ながら和室だから映えるのです。

さらに、顧客情報を蓄積する仕組みも必須です。完全担当制や部屋食で多くの接点をつくることができる旅館の接客は、仲居が直接、お客様の要望やなにげない会話を通してお客様の趣味やペットの話まで聞くことができます。その長所を活かして顧客情報を蓄積し、お客様一人ひとりに合わせたパーソナルサービスを強化する仕組みづくりが、リピーター獲得の大きなカギになるのです。

また、人材の採用・育成の進め方も非常に重要になります。お客様の喜びや感動が、自分の喜びや感動になることにやりがいを感じるような人材を集め、そのポテンシャルを最大限に引き出していくことで、プロフェッショナルな仲居が育つのです。

ホテルとは異なる旅館の明確な特徴

日本旅館ならではの特徴は、ホテルとの比較で明確にすることができます。同じ宿泊施設でも、旅館とホテルではもともとの特徴が大きく異なるからです。

まず誰もがイメージする違いは、旅館は和室で、ホテルは洋室であることです。客室だけでなく、施設全体の造りにも和の風情が感じられるのが旅館です。加えて施設面での違いは大浴場があるかないかで、旅館には必ずと言っていいほど大浴場があります。ホテルでも最近は大浴場を用意しているところが増えましたが、基本的には大浴場はありません。

さらに、客室の数にも差があります。旅館は50室、100室を超えると比較的大きいほうですが、大型のホテルはケタ違いで500室、1000室以上の規模を誇っています。

そして、こうした施設面の特徴も要因となり、旅館とホテルの大きな違いとなってい

るのがお客様とスタッフの心の距離感です。客室の数が多いホテルの接客では、一人ひとりのお客様に対してそれほど多くの時間や手間を掛けることができません。よりたくさんの人数に対応しなければならないからです。

そのため、お客様との距離感があまり縮まらないのがホテルです。ただし、それが悪いと決めつけているわけではありません。ホテルの接客は、お客様と一定の距離感を保ったスマートなスタイルであり、お客様のプライバシーを大切にしているという見方もできます。

一方、ホテルほど客室の数が多くない旅

館の接客は、一人ひとりのお客様に対してもっと時間や手間を掛けることができます。それがどの程度かは、旅館ごとの方針や対応するスタッフの人数にもよりますが、基本的に時間や手間をかける分、ホテルよりもお客様との距離感が近くなるのです。

例えば、多くの旅館では、お客様が到着すると女将や仲居がお出迎えをします。「本日はようこそお越しくださいました」「お車の運転、おつかれさまでした」などと感謝やねぎらいの言葉を掛けます。お出迎え一つをとっても、ホテルよりも丁寧なのが旅館の伝統であり、そうした接客によってお客様との距離感が縮まっていきます。

お客様との距離感が近い旅館の接客は、ホテルのスマートな接客とは異なり、世話焼きといえると思います。世話を焼きたい、そして喜んでもらいたい、という思いを表現することで、距離感を縮めていくのです。

そうした接客が旅館に向いているのは、わが家のようにくつろげるという魅力を旅館がもっているからだと思います。和室にしても風呂にしても、旅館の和の文化は日本人にとって原風景のようなもので、だからこそ、もう一つのわが家のように感じるのです。

そう考えると他人行儀な接客はミスマッチです。仮にもう一つのわが家に帰ってきたつもりのお客様が、他人行儀な接客をされれば心からくつろぐことはできません。スタッフとの距離感が近いことで、もう一つのわが家のようなくつろぎをより感じることができるのです。

とはいえ世話焼きタイプの接客は、場合によってはお節介にもなりかねません。実際に、あまりかまってほしくない人もいます。しかも、人それぞれ「あまり」の程度が異なるため、見極めが難しいのも事実です。

しかし、だからといって、お客様にかまうのはやめたほうがいいと考えるのは早計です。比較的高級な旅館でも、なかには「うちを利用するお客様はプライベートを大切にしているから、あまりかまわず、放っておくくらいがいい」という方針のところもあります。そうした考え方にも一理あるのかもしれませんが、それでは旅館ならではの強みを活かせません。お客様との距離感を縮めて信頼やきずなを築き、リピーターを獲得する旅館ならではの強みを自ら放棄していることになってしまいます。

そうであるなら、多少お節介になったとしても、そのほうが良いというのが私の考えです。基本的に放っておかれるよりも、かまってほしいのが人であり、それは旅館に宿泊するお客様にもいえることだからです。

例えば、旅館に到着したお客様に、会話のなかで「今日はどちらを観光されたのですか」「明日はどちらに行かれるご予定ですか」などと聞いたとします。これも見方によってはお節介な質問で、聞かれたくないと思うお客様もいるかもしれません。しかし、多くのお客様は嫌な顔などせず笑顔で答えてくれます。それを糸口に会話が弾み、距離感がグッと縮まることも少なくありません。

旅先でお客様の気分が高揚していることも会話が弾みやすい理由ですが、この例一つをとっても、お客様は基本的にかまってほしいのです。もちろん、人それぞれタイプは千差万別で、100%そうだというつもりはありませんが、お節介になるかもと必要以上に心配する必要はないのです。こうした点も踏まえて、お客様にかまうことにこだわる接客の方針を固めることが、日本旅館ならではのおもてなしを追求するスタートラインに立つことにもなるのです。

和室ならではの所作が価値を高める

伝統産業には守るべきものと、変えていくべきものがあります。旅館が守り続けなければならない代表的なものが和の文化です。4～7年に1回のペースで続けてきた設備投資で、浜の湯の施設は進化してきましたが、どんなにラグジュアリー感を高めた客室であっても、必ず和室は用意していますし、座卓と座椅子の和室で食事を召し上がってもらいます。足が悪いなどの理由で低い座椅子に座るのが難しいお客様のために高さのある椅子も用意するなどしていますが、基本的には伝統的な和室のスタイルを守っています。日本の伝統文化を伝えていく旅館として、この点はできるだけ忠実に守っていきたいと考えています。

ただし、旅館の和室は造りをいくら良くしても、それだけでは真価を発揮しません。接客にあたる仲居が和室ならではの所作をしっかりと身につけることで真価を発揮します。茶道の経験がある人にはイメージしやすいかもしれませんが、和室ならではの所作はとても品があり、凛とした印象を与えます。着物ならではの立ち居振る舞いの一つひとつが、日本の古き良き伝統を感じさせてくれます。

今は日本人であってもそうした和室ならではの美しい所作を目にする機会が減りました。例えば、接客の所作がしっかりしている高級飲食店であっても、最近はフレンチやイタリアンのレストランだけでなく、日本料理店や寿司店なども和室ではなくテーブル席を主体にしているケースが多くなっています。そのため、接客係が座った状態でする和室ならではの所作を見ることができなくなってきました。しかし、旅館で和室ならではの所作に接し、感銘を受けるお客様も少なくありません。お客様が到着し、最初に客室に案内したときから和室ならではの所作でもてなすことで、第一印象で良い旅館に来たと思ってもらえる効果もあるのです。

例えば客室に案内した際、仲居がお茶を入れます。お茶を入れること自体は珍しくなくても、その所作が美しいと目を引きます。和室ならではの所作を初めて目にしたお客様には、強い印象を与えることができます。また、接客の一連の流れのなかで、仲居がお盆を持ったまま立ち上がる場面があります。なにげない場面ですが、実は着物を着た状態で、お盆を持ったまま品良く立ち上がるのは意外と難しくて、普通はよろけてしまいます。よろけずに立ち上がるためにはコツを習得する必要があり、そうした動作を完璧にこなすことで、和室ならではの所作の美しさ、日本の伝統文化のすばらしさを感じてもらうことができるのです。

逆に言えば、いくら高級な和室であっても仲居の所作がつたないと興ざめになりかねません。それこそ、ホテルの高級な洋室のほうが豪華で良いということにもなってしまいます。仲居の所作によって、価値が高まるかどうかの大きな差がつくのです。

仲居が和室ならではの所作を身につけてプロフェッショナルな存在になることは、フレンドリーな接客をするためにも重要です。フレンドリーな接客を端的に表現するとお客様との距離感を縮めていく接客です。それが効果的なのは、大前提として仲居がプロフェッショナルな存在だからです。

例えば、単に慣れ慣れしいだけの礼儀がなっていないフレンドリーさは、お客様に受け入れられず、かえって悪い印象を与えてしまいます。フレンドリーさを受け入れてもらうためには信頼してもらう必要があります。その信頼を得るうえでも大きな役割を果たしているのが、和室ならではの所作を通してお客様にも伝わる仲居のプロ意識の高さなのです。

こうした理由から、仲居の育成にあたっては和室ならではの所作の教育にとても力を入れています。仲居は着物の着方から始まり、お辞儀の真《しん》・行《ぎょう》・草《そう》の違い（お辞儀の丁寧さの度合いが異なる）、襖の開け方（より丁寧な開け方と簡易な開け方を場面によって使い分ける）といった基本を一から学びます。

さらに、和室で食事を提供する際の所作も体得します。和室で料理を提供する際の上座、下座の基本的な知識から、より丁寧さが感じられる名残手《なごりて》（料理の器を卓上に置いた際、サッと手を引くのではなく、ゆっくりと手を引く動作）などの細かいテクニックまでを身につけていくのです。

トレーニングを受ける仲居たちは、最初は着物での動作に慣れずに戸惑いますが、何度も繰り返し練習することで徐々にさまになり、これならお客様の前に出ても決して恥ずかしくないというレベルに達するようになります。そして、現場に出たあとも日々自身のスキルを磨き続けることで、プロフェッショナルとして高度なレベルへと上達していくのです。

現在、浜の湯ではそうして現場で活躍している仲居が約30人在籍しています。これだけの人数が活躍しているからこそ、50室を超える規模でも高品質・高単価を実現することができています。旅館に限らず、経営のなかで最も大変なのが人の育成といわれます。接客のプロとして仲居が輝けば、必ず顧客満足度も上がるという信念をもって人の育成に取り組み続けることが、日本旅館ならではのおもてなしを追求していくためには必要なのです。

女性だけでなく男性の仲居も活躍している

古い常識に縛られ過ぎないことも伝統産業では必要です。旅館では仲居が女性でなければならないという考え方がそれにあたります。

浜の湯の約30人の仲居のうち、3分の1は男性です。2013年頃に、接客のプロを目指したい人材は女性に限らず男性の仲居も育成していくべきではないか、女性は結婚を機に退職してしまうケースもあるため、より安定的な人材確保のためにも男性の仲居が必要なのではないかと考えた結果、男性の仲居が誕生したのです。最初は、フロントを担当していた男性スタッフに、仲居をやってみないかと声を掛けて、いわばコンバートする形でスタートしました。

結果的に男性の仲居も育成したのは大正解でした。仲居は女性というイメージが強いため、正直、私も最初から自信があったわけではありませんが、男性の仲居は思っていた以上に日本旅館ならではのおもてなしにマッチしていたからです。和室ならではの所作も羽織袴を着た男性の仲居が完璧にこなすと、独特の格好良い雰囲気がありますし、お客様により強い印象を与えることもできます。

女性の仲居より少し不利な点があるとすれば、やはりイメージです。男性は女性よりも粗雑、無骨といったイメージがあるため、男性の仲居がちゃんとした接客をしてくれるのだろうか、と不安に感じるお客様もいるのです。しかし、それも逆にチャンスになります。男性の仲居が驚くほど丁寧でしなやかな動きで接客を行えば、良い意味でギャップが大きく、好感度が上がりやすいからです。実際に男性の仲居たちも、多くのお客様に支持されており、いまや欠かせない存在になっています。

唯一無二の接客スタイル

世の中には業種によってさまざまな接客サービスがあり、それぞれの特徴があるなかで、旅館の接客の強みとは何かを明確に意識することが重要です。私たちの接客は、その点を強く意識したものです。

日本旅館ならではのおもてなしを追求している私たちの接客は、世の中にあるさまざまな接客サービスと比較しても非常に珍しいスタイルで、唯一無二のものなのです。そう考える理由は、まずなんといってもお客様とともに過ごす時間が圧倒的に長いからです。

私たちの完全担当制では、例えばお客様が16時30分にチェックインして翌朝の10時にチェックアウトしたとしたら、担当する仲居のスケジュールは16時に出勤して16時30分にお出迎えをし、チェックインの説明や客室への案内をします。18時から部屋食での夕食を提供し、21時～21時30分頃に退勤します。翌朝は7時に出勤して8時から部屋食での朝食の提供をし、10時にお見送りをして11時～11時30分頃に退勤します（仲居は近くにある社員寮に住んでいます）。

このようなスケジュールでお出迎えからお見送りまでを一人の仲居が担当するため、飲食店の接客サービスなどと比べても、お客様とともに過ごす時間が圧倒的に長いのです。完全担当制や部屋食ではないホテルの接客とは比べものにならない長い時間をお客様と共有します。

そして、長い時間を共有することで、おのずと接点が多くなります。例えば、部屋での食事は、夕食であれば2時間程度、朝食でも1時間程度をかけて召し上がってもらいます。担当した仲居はこれだけの時間を共有することで、お客様と多くの接点をもつことができるのです。

仲居は一度に2組、最大で3組を担当することもあります。その一つの部屋につきっきりなわけではありませんが、夕食であれば10品程度を一品ずつ提供し、その都度、お客様との接点ができます。ほかにも飲み物を提供したり、タイミングを見て空いた器を下げたりもしますので、実際にはもっと多くの接点があり、その一つひとつがお客様のことを知るための貴重な機会になるのです。

会話を通して得られる情報はもちろんのこと、なにげなく聞こえてきたお客様同士の会話から得られる情報、表情から読み取れることなど、接点が多ければさまざまな形でお客様を知るための情報を得やすくなります。それを基に、仲居たちが自身の個性や感性を活かして、一人ひとりに合わせた心遣いを具現化していくのです。

最高の接客とは、お客様に最高に喜んでもらうことです。しかし、お客様は一人ひとりが異なります。もともとの性格も違えば、その日の気分や体調によっても求めているものが変わってきます。何をすれば最高に喜んでもらえるのかが、お客様によって異なるのです。

そのため、最高の接客を行うためにまず必要なことは一人ひとりのお客様をよく知ることです。よく知ることで、一人ひとりに合わせた心遣いを具現化しやすくなり、最高の接客に近づきます。お客様とともに過ごす時間の長さと接点の多さを活かし、ほかの接客サービスとは比べものにならないレベルで、その最高の形を追求しているのが私たちの接客です。

仲居が自分自身の存在を、お客様に強く印象づけるのが私たちの接客スタイルです。だからこそ、お見送りの際に、仲居との別れを惜しんで涙を流すお客様もいます。また来るから、体に気をつけて頑張ってねと自分の娘に語りかけるように仲居との別れを惜しむ年配のお客様から、離れたくないと泣きじゃくる子どもまでさまざまです。

この点からも私たちの接客は、さまざまある接客サービスのなかでも突出したものといえます。例えば、航空会社の客室乗務員（キャビンアテンダント）は接客のプロであるとよくいわれます。確かにそのとおりだと思いますが、キャビンアテンダントの接客で、お客様が別れ際に涙することはあまりないと思います。そこまでお客様と心のつながりを築く接客スタイルではないからです。

私たちが追求している日本旅館ならではのおもてなしは、お客様との距離感を縮めて心のつながりを築くという点でも、よりプロフェッショナルなスタイルなのです。根底にあるのは、自分の接客でお客様に喜んでもらいたいという強い思いです。和室ならではの所作をはじめとした技だけでなく、お客様のことを思う心の面でも仲居たちのプロ意識は相当なものなのです。

このように技と心の両面でプロフェッショナルな仲居は、すばらしい仕事なのです。仲居という仕事がより多くの人に注目されるようになることを私は心から願っています。

新規客の緊張感や警戒心を和らげる工夫

お客様を大きく2つに分けると、新規客とリピーターになります。新規客にまた来たいと思ってもらうことでリピーターが増えることから、まず肝心なのが新規客をファンにすることです。浜の湯の仲居たちも、また会いたいと新規客に思ってもらえる接客をそれぞれに工夫しています。

私たちの接客は、お客様一人ひとりと向き合うスタイルであるため、仲居はその都度、何が最善なのかを考えながら行動しています。型にはまったマニュアルの接客とは相反するスタイルです。そのため、それぞれの仲居によって幾通りもの接客の仕方がありますが、最終的にまた来たい、また会いたいとお客様に思ってもらえるように最善を尽くすのは同じです。

そのスタート地点ともいえるのが、初めて来館されたお客様への対応です。新規のお客様は初対面です。人間関係でいえば、まったくの赤の他人からのスタートです。最初は赤の他人であっても、コミュニケーションによって相手の人となりが分かれば、親近感が湧いてくるのが人間ですし、まさにそうなるような接客が求められるのです。

この接客の仕方についても仲居がそれぞれに工夫をしていますが、どんな方法であっても、まずは初対面の緊張感や警戒心を和らげなければなりません。程度に差はあるにしても、新規のお客様であれば多少なりとも緊張感や警戒心を抱いている場合が多いからです。

例えば、チェックイン後の客室案内も、仲居が部屋の中に入ることを当たり前に考え過ぎていると、お客様の緊張感や警戒心を強めてしまう恐れもあります。部屋はお客様のプライバシー空間であり、他人が入ることはストレスにもなり得るからです。

そこで、ある仲居は新規のお客様をお出迎えした際に、必ず「今日はどちらからお越しでいらっしゃいますか」と合わせて、「お腹を空かせて来ていただけましたか」と聞いています。会話の流れで「お腹を空かせて来ていただけましたか」と尋ねると、お客様もクスッと笑ってくれます。接客トークで距離感を縮め、親近感をもってもらうことで、お客様の緊張感や警戒心が和らいだ状態で客室案内ができるのです。

話し方と距離感、そして気づく力が接客のポイント

お客様との距離感を縮めるためには、できるだけ早く、信頼を得ることも大切なポイントです。そこで、ある仲居は同じセリフであっても、お客様のタイプに合わせて話し

方を変えています。

「このたびは、はるばる浜の湯までお越しいただき、ありがとうございます。私《わたくし》、本日お部屋を担当させていただきますMと申します。どうぞよろしくお願いいたします」というお出迎えの際のセリフで、年配のお客様に対しては、声の調子をより落ちつかせるなどして少しかしこまった感じの話し方にするのです。そのほうが、若い仲居なのに落ちついていてしっかりしていると年配のお客様に好感をもってもらいやすく、それが信頼を得ることにもつながるからです。

一方で、仲居と同年代の若いお客様に対しては、少しフレンドリーさを強めた感じの話し方にします。親近感をもってもらったほうが、若いお客様の場合は距離感を縮めやすいケースが多いからです。このように第一印象の接客場面から、仲居たちはお客様との距離感を縮める工夫をしています。

仲居たちは夕食時の会話などで、さらにお客様との距離感を縮めていきます。もちろん、むやみやたらに話しかけるわけではなく、話し好きのお客様かどうかなどを見極めながら会話を進めていきます。

口数の少ないタイプのお客様であっても、まったく話しかけないということはありません。それでは距離感が縮まらないからです。話し好きのお客様よりも控えめに話しかけるなどの配慮はしますが、それでも差し障りのない話題から会話を始めて、徐々に距離感を縮めていきます。

例えば、お客様は夕食前にお風呂に入ります。そこで、「お風呂はいかがでしたか」という質問から会話を始めるのです。この質問は、完全担当制と部屋食が当たり前だった昔の旅館であれば、仲居が必ず口にしていたようなセリフです。まさに差し障りのない話題ですが、それでよいのです。こうした話題をきっかけに少しずつ会話が弾み、距離感が縮まっていくケースは多いのです。夕食で距離感が縮まったことで、翌日の朝食は最初から会話が大いに盛り上がることも少なくありません。

また、現在では完全担当制と部屋食が広く知られるようになってきたことで、もともと、人とのコミュニケーションが好きなタイプのお客様が来館されるケースが増えていきます。接客で話しかけられるのは嫌なので、いっさいかまわないでほしい、というタイプのお客様が来館されることはめったにありません。完全担当制と部屋食の旅館としての認知度を上げることで、お客様との距離感を縮めながら最高の接客を目指すスタイルが、より効果的にもなっています。

最高の接客を目指すために、仲居たちは気づく力を日々磨いています。ちょっとした気づきがお客様との会話のきっかけになり、より細やかな心遣いにもつながるからです。

例えば、お客様のスマートフォンの画面が猫や犬の写真だったとします。お客様のスマートフォンの画面がちらっとでも見えた瞬間にそれに気づけば、そのお客様はペットを飼っている可能性が高いことが分かります。そこで、「猫ちゃんを飼っていらっしゃいますか？　スマートフォンの画面がとってもかわいい猫ちゃんの写真だったので……」と話しかけると「うちの猫の名前は○○で、寝顔が最高にかわいくて……」などと、お客様が途端によく話してくれるようになることも多いのです。

一方、細やかな心遣いにつながる気づきとしては、こんな例があります。食事の提供などで仲居が何度か部屋に出入りしている際に、さっきは羽織っていなかったカーディガンをお客様が羽織っていることに気づけば、「少し寒いようでしたら、冷房の温度を上げましょうか」と声を掛けることができます。気づく力を磨くことで、こうした細やかな心遣いをお客様に感じてもらえる機会が増えるのです。

気づく力を磨くためには、集中力が欠かせません。常にお客様をよく観察するための集中力です。その点からいえば、一瞬たりとも気を抜けない大変さがあるのが仲居ですが、それだけの高いプロ意識をもっているからこそ、お客様により大きな喜びや感動を与えることができます。それが、仲居の大きなやりがいでもあることから、普段から仲居同士でも髪型を変えた、化粧やネイルを変えたといった変化を見逃さないように意識するなど、気づく力を磨く努力をしているのです。

経営的な観点から言えば、旅行会社にあっせんしてもらえる団体・グループ客とは異なり、個人客はリピーターを獲得しないと経営を維持するのが難しいという状況があります。お客様にリピートしてもらうために接客の一瞬一瞬をムダにしないというプロ意識が必須であり、それを象徴する接客スキルの一つが気づく力です。

「顧客カルテ」でパーソナルサービスを徹底強化

新規のお客様とは違い、リピーターのお客様は前回利用してもらった際に知り得た顧客情報があります。それを活かさない手はありません。顧客情報をうまく活用し、一人ひとりに合わせたパーソナルサービスを強化すれば、お客様により大きな喜びや感激を与えてリピーターを増やすことができるからです。顧客情報は、旅館にとって宝物といえるほど貴重なものです。

2回目の来館となるリピーターのお客様であれば、1回目のときにどんな会話を交わしたか、どんな心遣いが喜ばれたかという顧客情報を活かすことで、パーソナルサービスにあたりやすくなるのです。

例えば、1年ぶりの来館であっても、「猫の○○ちゃんは、相変わらずかわいくしていますか」と仲居が聞けば、ペットを飼っていることやその名前まで覚えておいてくれたことをお客様はとても喜んでくれます。また、「前回、お部屋の冷房の温度は少し高めのほうが良いとおっしゃっていたので、今回は最初から○度に設定しておきましょうか」と聞けば、お客様の「してほしい」を先回りした心遣いとして感激してもらえます。

このように前回来館時の顧客情報を活かすことで、より大きな喜びや感激を与えることができます。3回目、4回目……と来館の回数が増えて顧客情報が蓄積されれば、パーソナルサービスはさらにアップデートされます。私たちはそうしたパーソナルサービスの強化を、顧客カルテによって進めています。仲居が担当したお客様に関する情報を書き込んだ用紙をスキャンしてデータとして蓄積しておき、お客様がリピートしてくださったときのサービスに活かす仕組みです。

この仕組みを説明するために、1枚の顧客カルテを紹介します。毎年、1万枚以上が蓄積されている顧客カルテのなかの1枚に過ぎませんが、どんな仕組みなのかを理解してもらいやすいと思います。

顧客カルテは、以下の10の顧客情報を仲居が書き込んでいます。なお、お客様の名字はS様で、ある年の3月に宿泊しました。

1. 浴衣　父：大、母：中、娘：小
2. 60代ご夫婦と20代の娘（Yさん）。本当は弟さん（Kさん）もいるが、仕事で来られなかった。
3. 福島県から6時間、父の運転で来館。ご案内後すぐ○○ビールを飲まれていた。
4. 母が左利きでアルコールは苦手だそう（食前酒変更）。
5. 乾杯時におめでとうと聞こえたのでお話を聞くと、Yさんが今年の11月に結婚されるとのこと!!（来館されたのは3月）。さらにその日は父母の結婚25周年の記念日だそう。次回ぜひお祝いしたい。S様の名で最後の旅行と話していたので（結婚するYさんが）、舟盛りとともに写真を撮りました（舟盛りの旗にS様と書いてあるため）。
6. お昼をおにぎり1つにしてきてくださったそうで、（食事の）ペース速め。
7. お造りのサザエ残食あり。固い食感が苦手のようです。

8. 新聞：〇〇新聞。父、毎朝5時に起きて新聞を読んでいるそうです。
9. Yさん、温泉大好きで39℃くらいで長時間入るのがお好きだそうです。
10. 次回はKさん（弟）もYさんの旦那さんも一緒にハンモック部屋に泊まりたいと話されていました！

このS様が、同年11月に再び宿泊予約をしてくれました。その際に、顧客カルテの10の情報を基に、どんな接客プランを立てたのかを以下に説明します。

1. 前回の宿泊で浴衣のサイズが分かっています。そのサイズの浴衣を事前に用意しておきます。ほかにもバスタオルは多めなどの要望があった場合は顧客カルテに記しておき、部屋の備品をお客様仕様にします。
2. リピーターのお客様が来館した際は、「おかえりなさいませ」の声掛けからスタートします。S様の場合、前回来ることができなかった弟さんも、名前で呼び掛けるようにします。これも顧客カルテに書き残しているからできることです。

3. 前回はドリンクの保管場所まで取りに行く必要があったため、ビールを出すのに時間がかかってしまいました。今回はあらかじめ○○ビールを部屋の冷蔵庫に用意しておき、待たせることがないようにします。

4. 奥様のお箸は左利き用にセットし、食前酒もノンアルコールのものに変更します。

5. 11月にYさんが結婚し、S様ご夫妻にとっても記念日であることから、お祝いの計画を立てます。お祝いのスパークリングワインからメッセージカード、オルゴールの演出まで、仲居の思いを届けるお祝いの形はさまざまです。

6. コース料理を一品ずつ提供する一品出しでは、お客様の食事のスピードに合わせることが重要になります。そのため、お客様の食事のペースが速いか遅いかも、顧客カルテに記載するケースが多い情報の一つです。

7. 苦手食材やアレルギー食材がある場合は、予約確認の電話の際などに料理内容の変更を提案します。変更後も料理のランクを落とさず、よりいっそう楽しんでもらえる内容にすることを心掛けています。

8. 朝一番で○○新聞をお届けさせていただきますとお客様に伝えます。そして、早朝から出勤しているフロントスタッフが、部屋のドアの下に朝一番で新聞を届けます。

9. 部屋の風呂の温度など、設備関係の要望についても、情報を共有した設備管理担当のスタッフが対応します。なお、温泉を管理する制御室を7つもっているため、部屋ごとの温度調節も可能です。

10. 予約が入った時点で、予約担当のスタッフが顧客カルテの情報を基に希望に合った部屋を提案することもあります。

顧客カルテの情報を活かし、お客様により喜んでもらえる接客プランを立てます。仲居は担当するお客様の顧客カルテや、予約確認の時点で分かっている記念日や食材変更の情報などを各自のスマートフォンで見ることができるようにしています。また仲居だけでなく調理、フロント、予約、設備管理などの各部署のスタッフが連携することも大切になります。必ず、当日ミーティングでスタッフがしっかりと情報を共有し、抜かりなく準備をするようにしています。

他館に流れたお客様もまた訪れてみたくなる魅力

顧客カルテの仕組みは、浜の湯がリピーターの絶えない繁盛旅館になることができた最大の理由の一つと言っても過言ではありません。顧客カルテの情報を基にお客様の「してほしい」を先回りした心遣いが確実にお客様の喜びや感動につながっているのです。

各部屋に用意するコーヒーセットは2つが基本でも、コーヒー好きのお客様には4つ用意する、テレビを見ながら食事をされるお客様は、2人ともテレビが見やすいように食事を横並びの配置にする、金目鯛の料理が大好きと言っていたお客様に、満腹になる前に食べることができるよう、通常よりも早めの順番で出すことを提案するなど、例を挙げるとキリがありません。このようにしてほしいことを先回りしてやってもらえるのはお客様にとってそれだけ心地よいことであり、接客では顧客満足度が格段に向上するポイントなのです。しかも、お客様が宿泊するたびにパーソナルサービスをアップデートすれば、顧客満足度はさらに向上していきます。

　客室をはじめとした施設の魅力は、お客様の利用回数が増えれば増えるほど新鮮味が薄れます。徐々に飽きが生じるなどして施設の魅力が低下していくのは致し方ないことです。しかし、接客は違うのです。アップデートしていくパーソナルサービスで、お客様の利用が増えれば増えるほど逆に魅力を高めていくことができます。それが接客の醍醐味であり、だからこそ、おもてなしの追求は経営的にも大きなメリットがあるのです。

　また、私たちのパーソナルサービスを体験したお客様は、一度、別の旅館を利用しても、また戻ってきてくれます。ほかの旅館では、自分のしてほしいことをいちいち言わないとやってもらえません。それが面倒になり、私たちだったら言わなくてもやってくれるという理由で戻ってきてくれるのです。一度ほかの旅館に浮気されると、普通はなかなか取り戻すことができません。それができるのも、顧客カルテでパーソナルサービスを徹底的に強化しているからです。

特技を活かしたオンリーワンの接客でおもてなし

個人客にシフトして以来、ずっと考えてきたのは、いかにして仲居をもっと輝かせるかということです。お宿の顔である仲居が、自身の仕事に大きなやりがいや楽しさを感じて輝きを増せば、おのずと良い旅館になるからです。

そうした考えもあって、私たちの仲居たちはそれぞれの特技を活かしながらお客様をもてなしています。例えば、文章を書くことが得意な仲居はメッセージカードを多用します。来館に対する感謝の気持ちから、記念日などを祝福するお祝いの言葉まで、仲居が思いを込めて書きつづったメッセージカードでお客様をもてなすのです。一方で、接客トークに自信がある仲居は、お客様に直接話して思いを伝える方法を優先しています。メッセージカードを使うかどうかは、仲居が自由に決めてよいのです。

また、仲居によってはインスタントカメラで撮影したお客様の写真をその場でプリントして喜ばれています。インスタントカメラをコミュニケーションツールとして使いこなしているのも一種の特技といえます。このように仲居が自らの判断で、自分の特技を活かせるようにしているのも私たちの接客の大きな特徴です。

そして、仲居によって特技の内容は多岐にわたります。例えば子どもの頃からヒーローものの番組が大好きで、大人になっても関連グッズを大事に保管していた男性の仲居は、その趣味を特技として接客に活かしています。来館した子どもが家から持ってきたおもちゃを見て、好きなヒーローものが分かると、待ってましたとばかりにサプライズの演出をします。食事の舟盛りを提供する際に、ヒーローグッズの変身ベルトを腰に巻くなどして登場するのです。突然のサプライズに子どもは大喜びし、その姿に両親も感激してくれます。

ギターを弾ける仲居もいて、記念日などで利用したお客様をギターの演奏と歌でお祝いして喜ばれています。演出も凝っていて、キャンドルの灯りをセットしたテラス席で、夕食のデザートを食べてもらいながら演奏と歌を聴いてもらうのです。食事は最後のデザートまで、すべて和室で食べてもらうことを基本ルールにしていますが、場合によっては変更もＯＫにしているため、このようなおもてなしもできるのです。そして、音楽の演出ではオルゴールも用意しており、仲居もそれをうまく活用しています。

ほかにも書道の師範免許をもっている仲居がいます。書く字がとても美しいとお客様にとても喜ばれており、なかには宿泊すると毎回、こんな言葉を書いてほしいと仲居にリクエストし、大切に持ち帰るお客様もいるほどです。

さらに、手先が器用で紙細工などが得意な仲居もいます。５月５日のこどもの日には、その仲居が作った紙細工の兜《かぶと》を、宿泊した子どもたちみんなにプレゼントしました。館内の至るところで、子どもたちが兜をかぶってうれしそうにしているのは、こどもの日ならではのほのぼのとした光景でした。

人にはそれぞれ特技があります。仕事に特技を活かせれば、より能力を発揮することができます。それが可能なのが接客という仕事です。接客の手法は正解が一つではありません。お客様を最高に喜ばせることができればどれも正解です。そうであるならば、それぞれの特技を存分に活かしたほうがよいというのが私の考えです。

特技を活かすと、人によって接客の仕方はバラバラになりますが、少し乱暴な言い方をすれば、そんなことは大した問題ではありません。私たちが目指しているのは均一なサービスではなく、お客様に最高に喜んでもらえるサービスだからです。もちろん失礼がないように、礼儀などに関する基本的な部分は統一して守らなければなりませんが、その先は幾通りもの方法があり、仲居がそれぞれにオンリーワンの接客をしているのです。

それぞれの特技を活かす接客に関連して、私が仲居たちに伝えてきたことがあります。
「自分の特技を活かすだけでなく、ほかの仲居のまねをしてもいい。お客様に喜んでもらえることであれば、みんなで共有して参考にすることも大切。しかし、それが自分のスタイルに合わないものであれば、無理してまねするのはやめなさい」

このように伝えるのは、無理にまねして形だけを取り繕っても、結局うまくいかないケースが多いからです。例えば、メッセージカードを巧みに使いこなす仲居がいます。しかし、文章が苦手な仲居がそれを無理にまねをしても、次第にメッセージを書くのが面倒になります。そうして途中でやめてしまうと、前はメッセージカードをくれたのに、今回はくれなかった、ということでお客様の心証を損ねてしまうことにもなりかねません。やはり自然体でないと長続きはせず、取り繕っていることも見透かされやすいのです。

要するに理想は、いっさい取り繕っていない、そのままの自分を接客で表現し、お客様に喜んでもらうことです。そのままの自分を表現すればよいので、取り繕うのとは違ってストレスがなく、接客をしている本人にとっても最高の接客になります。

そして、この領域にまで達するためには接客する本人がとにかく自分で考え、行動することが重要です。自分で考えて行動したことが、お客様にどのように受け入れられたのかという経験を積み重ねないと、自分をどのように表現したらよいのかも分からないからです。こうした考え方も、私が仲居の個性や感性を大切にする理由の一つになっています。

接客する本人が自分で考えることを重視しているため、先に紹介した顧客カルテも、あえて記載項目を設けていません。顧客カルテの用紙は全体がほぼ真っ白で、仲居が特に必要だと思う情報を自由に書き込めるようにしています。

ほかの旅館やホテルでは、あらかじめ記載項目を設けているようです。しかしそれでは項目に合わせた顧客情報しか得ようとせず、あまり意味がないと思います。同じお客様は一人としていません。リピートしてもらった際に活かせる顧客情報も、定型の記載項目だけでは到底収まりきらないほど多岐にわたります。そうしたなかで、どのような顧客情報を記載すべきかは、接客する本人がお客様との会話などを通して自分で気づき考えるのが、より良い方法であると判断しているのです。

また、私たちはリピートしたお客様の指名がなくても、基本的に前回担当した仲居が再度担当するようにしています。その際、見直すのは自分が一生懸命に考えて書いた顧客カルテであるため、一つひとつの情報からより多くのことを思い出すことができ、今回はどのような会話をしたらよいのかといったイメージも膨らみます。

例えば、「長女のSちゃんが中学受験に合格。そのお祝い旅行」と顧客カルテに書いてあれば、そういえばSちゃんは甘えん坊な感じだったけど、もう中学生になったのか。

ちょっと大人になって何か新しい趣味とかできたかな？　何か部活をやっているのかな？　などと、前回担当して顧客カルテを書いた仲居本人ならではのイメージがどんどん膨らんでいくのです。

それが、お客様に対する思いの強さにもなり、より良い接客へとつながっていきます。顧客カルテは担当が変わっても顧客情報を共有できるという役割も果たしていますが、このように仲居が自分で考えて書き、書いた本人がフルに活用することに大きな意味があるのです。

効果抜群の接客の共通ツール「舟盛りの旗」

接客で大切なのは目の前のお客様に喜んでもらいたいという気持ちですが、その思いを効果的に伝えるツールも時には活用すべきです。私たちにとってそれが、舟盛りに付ける旗です。

メッセージカードからインスタントカメラ、紙細工まで、仲居はそれぞれの特技に合わせたさまざまなツールを接客に活用していますが、一方で舟盛りに付ける旗は全員共通の接客ツールにしています。

大漁旗のようなイメージで舟盛りに付ける旗に、お客様の名前やちょっとした一言を書き添えるのは仲居が共通して行っています。見た目にも迫力がある舟盛りは、提供すると場が大いに盛り上がります。その舟盛りの旗に、ちょっとした感謝の言葉や記念日を祝福するお祝いの言葉を書くと、お客様にとても喜んでもらえるのです。

この旗をきっかけに、お客様との会話が弾むことも少なくありません。舟盛りは食事の前半に提供するので、早いタイミングでお客様との距離感を縮めることができる接客ツールでもあります。

ただし、このツール自体は決して珍しいものではありません。飲食店などでも、舟盛りの旗にお客様の名前や一言を書き添えているケースがありますが、実は私たちならではの工夫がさらにあります。

舟盛りは夕食だけでなく朝食でも提供します。そのため、例えば夕食時の会話のなかで金婚式を迎えたご夫婦であることが分かれば、朝食の舟盛りの旗に「祝 金婚式」と書いてお祝いするのです。予約の確認電話で記念日などは事前に分かっているケースもありますが、このように夕食時に分かった情報を基に、朝食の舟盛りの旗の言葉を工夫して喜んでもらえるのは、お客様に選択された旅館だからこそできるサービスです。

おもてなし体験が外国人の口コミでも評判に

日本の文化である旅館は、海外のお客様に興味をもってもらいやすいのが強みです。海外からのお客様に喜んでもらえる工夫は、どんどんやっていくべきです。その経営努力はきっと集客に結びつきます。

実際、旅館ならではのおもてなしを強化することで、コロナ禍になる前は、海外からのお客様の利用も多くありました。毎年、来日するたびに必ず予約をしてくれるリピーターのお客様もいたほどです。今はコロナが落ちつき、再び海外からのお客様が増えているところです。

私たちは海外からのお客様に対して、できるだけ日本文化を体験してもらえるように心掛けています。外国人にとっては、仲居の和室ならではの所作などを目にすること自体がアメージングな体験です。ほかにも箸置きを折り紙にしたり、浴衣の着方を丁寧にレクチャーしたりするなどして喜ばれています。

そして、なんといっても海外のお客様が喜ぶのは、カタコトの英語や中国語でもいいので、それぞれの国の言語で意思疎通を図ることができたときです。そのため仲居たちは、翻訳サイトなども活用して、できるだけお客様の国の言語で意思疎通を図るように努力します。舟盛りの旗の言葉も、お客様の国の言語で記すと大いに喜ばれます。

言葉の壁はあっても、お客様のしてほしいことを先回りした心遣いをしていくのは同じです。実際にそれができたときには、海外からのお客様も感激してくれます。海外からのお客様は一度きりの日本旅行であるケースも多いため、基本的には何度も来館されるわけではありません。それでもこうしたおもてなしを実践していれば、インバウンドの集客も確実に伸ばしていけるという手応えを私たちは感じています。その大きな理由は口コミです。

今は海外からのお客様も、口コミサイトの評判を見て宿泊先を選ぶようになっています。そうしたなかで、伊豆稲取の浜の湯に行けば、日本旅館ならではのおもてなしを体験できるという評価がされているのです。こうした口コミは、海外の人たちに自分も宿泊してみたい、と思ってもらえる宣伝効果が高く、実際に来館するインバウンド客は多いのです。

バックヤードのスタッフもお客様に寄り添った対応

例えば演劇の芝居であれば、最もスポットライトを浴びるのは主役の俳優ですが、脇役の俳優もベストを尽くすことで良い芝居になります。さらに、照明係、音楽係、衣装係、小道具係といった裏方のサポートも欠かせません。仲居がお宿の顔である旅館でも、チームでより良いサービスを目指すのは同じです。

浜の湯のおもてなしを象徴する存在が客室担当の仲居である一方で、ほかの部署のスタッフも大事な役割を果たしているのです。予約、調理、フロント、設備管理、さらに社員教育や企画進行、労務管理を担当している総務担当まで含めた各部署のスタッフたちが、私たちのおもてなしを支えています。私はそうしたすべての部署のスタッフに、お客様一人ひとりに寄り添うことの大切さを伝えてきました。

おもてなしは予約の段階から始まっています。予約担当のスタッフは、予約確認の電話の際に、お客様の利用動機や要望をできる限り細かくうかがうようにしています。ホテルや旅館によっては、人手不足などを理由に予約の電話を1秒でも早く済ませようとするケースもありますが、私たちはまったく逆です。1秒でも長くお客様と話して、より多くの情報を得なさいと指導しています。事前に多くの情報を得たほうが綿密な接客プランを立てやすく、最高のおもてなしに近づくからです。

また、リピーターのお客様については、予約担当のスタッフも必ず顧客カルテを確認するようにしています。例えば、顧客カルテを確認して苦手な食材があることが分かれば、予約確認の電話の時点で料理内容の変更を提案します。お客様の要望を聞きながら、自らの判断でそうした提案をしてもよいという権限を、予約担当のスタッフに与えているのです。

予約の段階で、お客様から記念日のお祝いの仕方を相談されることも少なくありません。例えば、彼女の記念日を祝う男性からシークレットの演出を相談されたとき、ぎりぎりまで彼女に秘密にしておいて、扉を開けたら突然、花びらが舞うといったサプライズの演出を希望されることもあります。こうした希望に対しても、予約担当のスタッフが丁寧に相談に乗り、お客様の要望には可能な限り応えるというスタンスで、一緒に演出方法を考えます。

このように予約担当のスタッフも、一人ひとりに寄り添う対応を心掛けているため、来館時に、「予約担当の○○さんに、とても丁寧に対応してもらってありがとうございます」と感謝の言葉をもらうことも少なくありません。

フロント担当は、通常フロントの中にいてチェックインやチェックアウトに対応します。しかし、浜の湯のフロント担当は、フロント業務以外でも積極的にお客様とコミュニケーションを図るようにしています。

例えば、大浴場を利用したあと、ロビーで新聞を読んでいるお客様がいたとします。そんなとき、フロント業務が落ちついて手が空いているのであれば、すぐにフロントから出て、お客様にお茶の一杯でも差し上げるように私は指導してきました。

静岡はお茶の名産地で、地元のおいしいお茶でもてなすことができるのも理由の一つです。そうであるものの、ほかの旅館やホテルでそのようなサービスを受けることはあまりないため、このお茶一杯でもお客様に感激してもらえるからです。ほかにもエレベーターから降りてきたお客様が重そうな荷物を持っていたときに、すぐにフロントから出て「お持ちしましょうか」と声を掛ける接客なども同様です。

常にこうした接客を心掛けていれば、フロント担当のスタッフもお客様に顔や名前を覚えてもらうことができます。お客様にとってはなじみのスタッフが増えることで安心感が増し、より心からくつろげる旅館になります。仲居だけでなく、お客様との接点があるフロントなどのスタッフも、自分のファンになってもらうという意識をもって接客を磨くことが、旅館業界全体のおもてなしのレベルを高める大事なポイントです。

フロントのスタッフは、仲居との連携でも非常に重要な役割を果たしています。例えば、チェックインに対応した際、宿帳の記入でお客様が左利きであることが分かれば仲居に伝えます。そのように連携することで、新規のお客様であっても事前に左利き用の食事のセットができます。

一方で、仮に仲居がお茶をこぼしてしまうなどのミスをしてしまった場合などは、必ずフロントにも連絡を入れます。そうすることで、チェックアウトの際などに、フロントのスタッフもお詫びの一言を伝えることができます。

また、お祝いのシークレットの演出などは、仲居だけでは準備が大変なので、フロントのスタッフも手伝います。昨日はサプライズがうまくいって良かったですね。実はあの花びらの準備、自分も手伝ったんですよなどと、お客様と楽しく会話を交わすこともできるのです。

仲居が特に忙しいときは、フロントのスタッフがドリンクの提供などをサポートすることもあります。逆にチェックアウトのお客様が集中する時間は、仲居がフロントの業務をサポートします。年々、こうしたフロントのスタッフと仲居の協力体制がより強固になっています。

そして、この協力体制をより強固にできたのは、フロントのスタッフが全員、仲居の経験者であることも大きなポイントです。経験者であることから、仲居の気持ちがよく分かるため、よりスムーズに意思疎通を図ることができています。

個人客へのシフトに合わせた新たな採用戦略

私たちは人材で勝負している旅館です。当然ながら、どのような人材を採用し、どのように育成するかが、経営の根幹に関わる最重要テーマになります。

個人客が主体の旅館に生まれ変わることを私が決意した、２０００年まで時をさかのぼります。その時スタートした四年制大学の新卒採用によって、浜の湯の人材は劇的に変わったからです。劇的な変化が実を結ぶまでには大変な思いもしましたが、そこで諦めなかったからこそ、今があります。

団体・グループ客から個人客にシフトする際、私はパーソナルサービスの強化が必須であると考えました。当時、読みあさっていた接客サービスやホスピタリティの関連書籍などもヒントにして導き出した答えです。日本旅館ならではの完全担当制と部屋食をベースにしながら、パーソナルサービスを強化する現在の形は、当時からある程度イメージできていたのです。

しかし、そのためには格段にサービスレベルを上げなければなりませんでした。しかも、2年後の2002年には露天風呂付きの客室を8室造ることを決めており、時間の余裕もありませんでした。短時間で劇的にサービスレベルを上げるためには、ポテンシャルの高い人材の採用が不可欠であると考え、四年制大学の新卒採用をスタートすることにしました。勉学やスポーツにしっかりと励んだ経験のある人材であれば、社会人として重要な基礎知識と思考力をもち、私が目指している接客を理解し、実践してくれるという期待も大きかったのです。

新卒採用の1年目は3人を仲居として採用しました。並々ならぬ思いで新卒採用に踏み切った私は、教育にも情熱を注ぎました。しかし、結論からいえば、この3人は入社から1年も経たないうちに全員が辞めてしまいます。辞めた原因は、既存の仲居との確執でした。

従来の仲居も浜の湯を支える大事なスタッフでしたが、私の新たな方針では仕事のやり方を大きく変える必要があったため、不満を感じている既存の仲居も少なくなかったのです。私は責任者として3人とも辞めさせてしまったことを反省すると同時に、大きな挫折感を味わいました。

というのも、当時は四年制大学の新卒採用で仲居の求人をしている旅館は、私が知る限りほかは皆無でした。私たちが四年制大学の新卒採用をしていることを知った旅館経営者からは、「四大卒に仲居をやらせるなんてバカげている」とまで言われました。3人全員が1年も経たずに辞めてしまったときには、それ見たことかと嘲笑されたので悔しくて仕方がありませんでした。しかし、新たな旅館に生まれ変わると決めた以上は、チャレンジし続けるしかありません。もう同じ失敗はしない、今度こそ必ず定着させてみせると改めて決意し、2年目も新卒の3人を採用したのです。

2年目の3人とは、とにかくコミュニケーションを欠かさないことを心掛けました。何かあればすぐに相談に乗り、より親身に話を聞きました。そうしたなかで、「浜の湯がやろうとしている接客は私もすばらしいと思っています。でも、本気でやろうとしていない先輩社員がいます」と、新卒採用した仲居から問題点を指摘されることも多くなりました。分かりやすくいえば職場の愚痴ですが、新卒採用した仲居たちは私の考えをよく理解してくれているからこそ、問題点があることに腹も立ててくれたのです。

その思いに応えなければ、またきっと嫌気が差して辞めてしまい、1年目の二の舞になってしまいます。そこで私は新入社員から指摘された問題点に対して、「君の言っていることは、1週間もあれば解決できることはすぐにやる、すぐには難しいことでも2～3年かけて変えていく」といった形で何かしらの回答を示す努力をしました。若くてやる気のある人材に活躍してもらうためには、この会社は自分たちの声を聴いてくれる、自分たちの力で会社や組織を変えていくことができるとリアルに実感してもらうことが重要だと思ったからです。その甲斐あって2年目の3人は定着し、3年目以降の新卒採用につながっていきます。

このときの経験は、今でも良い教訓になっています。以来、若い社員の声であっても軽視せず、きちんと耳を傾けることを大切にしています。実際に、日々現場で活躍しているスタッフならではの気づきはたくさんあり、効果的な改善につながることが多いのです。

自身の思いを語り尽くす合同企業説明会

新卒採用をやってみて分かったのは、求める人材を獲得するには工夫が必要だということです。1店舗しかない零細の旅館が新卒採用を始めても、すぐにうまくいくとは限らないのです。

まず新卒採用の成果について説明すると、新卒採用が4〜5年目になると、仲居の半数以上が新卒採用の人材になりました。それに合わせてサービスレベルは明らかに向上し、パーソナルサービスも強化されていったのです。確実にリピーターのお客様が増えていき、新卒採用の成果が目に見えて表れるようになりました。以来、現在に至るまで新卒採用を続けています。

現在では、浜の湯で最高の接客を目指したいという志をもった人材を、毎年各地の大学から集めることができるようになりました。ただし、この採用活動も最初からすべてうまくいったわけではありません。そもそも、1店舗しかない旅館が、新卒採用のために合同企業説明会に参加しても、学生たちに興味をもってもらうこと自体が簡単ではないのです。

私がまず実行したのは、合同企業説明会に自ら足を運び説明することでした。普通は人事などの採用担当者が説明します。社長が自ら説明するケースはまれですが、私は自ら一人で2時間も3時間も語り尽くしました。

浜の湯のことを情熱をもって語ることができるのは私自身です。接客業を仕事にしたいと考えている学生にとって、私たちの接客がとても魅力的なスタイルであることを必死で伝えました。その結果、社長が自ら語っていたので思わず聴き入ってしまった、浜の湯のような接客のスタイルがあることを知って驚いた、といった理由で興味をもってくれる学生がどんどん増えていったのです。

合同企業説明会も、そのあとに開く単独説明会も、毎年回数を重ねるごとに内容をブラッシュアップしてきました。例えば、新卒採用を始めて3～4年後からは、浜の湯の接客スタイルが世の中のさまざまな接客業とどのように違うのかを、より丁寧に説明するようにしました。都心のホテルとの違い、キャビンアテンダントとの違い、ブライダル業界との違いなども一つひとつ、説明する必要があると考えたのです。

そう考えた理由は、内定を出した学生に辞退されるケースが少なくなかったからです。都心の外資系ホテルなどから内定が出たために辞退されたこともあります。都心の外資系ホテルなどにネームバリューでは負けてしまうならば、接客の中身で勝負するしかないと考えて、ほかの接客業と比較しながら私たちの接客の魅力をより明確に伝えるようにしたのです。つまり、採用活動にあたっての差別化です。お客様との接点がほかの接客とは比べものにならないほど多い、だからこそ自分の個性や感性を活かして、お客様により大きな喜びや感動を与えることができるという点で差別化を図ったのです。

新卒採用を始めて4～5年後からは、私一人だけでなく仲居も同行させ、説明会で話してもらうようにしました。学生たちと年代の近い仲居が話すことで、より共感を得やすいと考えたからです。実際にこれは効果抜群で、仲居が話し始めると学生たちがより関心を示しているのが表情からもはっきりと分かりました。私の出る幕ではないと思ったほどです。説明会に同行する仲居は、最初は1人だったのを、のちに4～5人に増やしました。私と4～5人の仲居が時間を配分し、それぞれに話します。

説明会で話をする大半が入社1年目の仲居です。わずか1年前は説明会に参加している学生と同じ立場だった仲居が、接客のプロとして現場で活躍し、説明会でそのやりがいについて堂々と話しているのを見た学生たちは、少なからず衝撃を受けるようです。

話をする仲居たちが、お客様と感動を共有したエピソードなどを話す際に思わず感極まり、会場の学生たちがもらい泣きすることもよくあります。社長の私が自らの思いを語り尽くし、仲居たちの話が学生たちの感動を呼ぶ説明会は、毎回立ち見が出るほどの注目を集めるようになってきたのです。

人材育成の一番のポイントは「入社前」

人材育成で会社の方針や風土に合わないミスマッチとなる人材を採用すると、育成もうまくいきません。逆にここで働きたいと本気で思っている人材を採用することができれば、育成もスムーズに進みます。そうした形を徹底して追求したのが、私たちの人材育成です。

私たちは合同企業説明会や単独説明会が盛況となって、より多くの学生に興味をもってもらえるようになりました。そこからさらに、浜の湯で接客の仕事がしたいと本気で思った学生だけが、単独説明会のあとの一次選考に応募してくれます。

私は一次選考に進むためのハードルをあえて高くしています。一次選考は浜の湯の現地で実施しますが、交通費は支給しません。そのため、本気度の高い学生しか一次選考に応募しないのです。

一次選考では、参加した学生が約10人の仲居の話を直接聞くことができます。仲居の個性と感性を活かしているため、文字どおり、十人十色の接客スタイルや、それぞれのやりがいについて詳しく聞くことができます。本気度の高い学生は、話をぜひ聞いてみたいという理由で応募してくれるのです。

一次選考の段階で、ミスマッチとなる人材を採用してしまうリスクは格段に下がっています。仲居に求められる資質は、人に喜んでもらうことが好き、人と話すことが好き、自分を表現できる仕事をしたいといったことです。一次選考に応募する本気度の高い学生のなかに、逆のタイプがいることはほぼありません。輝くことができる原石に絞られているのです。

このように採用の間口を狭めると、人が集まらなくなるのではないかと思うかもしれませんが、決してそんなことはありません。例えば、２０２３年の採用活動は、コロナが落ちついて学生の売り手市場となりました。正直、説明会の動員は例年より苦労しましたが、同行した仲居たちが例年以上に気合いの入った説明をしてくれたこともあり、例年どおりに約50人の学生が一次選考に応募してくれました。

一次選考のあと、二次選考と最終選考がありますが、これらは私たちのサービスをより深く理解してもらうことを目的にしています。一応選考ではありますが、実際にはすでに人材育成が始まっているのです。

しかも、そのゴールとして高い目標を掲げています。一次選考、二次選考、最終選考を経て内定を出したときに、もしかしたら既存の社員よりも、浜の湯のサービスについて熟知しているかもしれない、というレベルにまでもっていくことを目標にしているのです。

そのレベルに達していれば、入社後の研修を経て、すぐに現場で活躍することができます。新人であっても大きく間違った対応をしてしまうようなことはありません。仮にお客様から想定外の質問やクレームがあっても、より良い解決策を自分で考えることができます。そして、日々経験を重ねていけば、自分の個性や感性を活かした接客がどんどん磨かれていきます。こうした成長の基盤が、すでに入社前に出来上がっているのです。「浜の湯の人材育成の一番のポイントは?」と聞かれると、私は「入社前」と答えています。

入社前の一次選考では約10人の仲居が話します。話をする仲居たちは和気あいあいとした雰囲気で進行します。仲居たちの仲の良さなども感じてもらうのが一次選考の目的です。

二次選考では、完全担当制や部屋食によるおもてなしの映像を見て、ディスカッションをしてもらいます。3～4時間をかけてじっくりと議論をし、私たちのサービスを理解してもらいます。さらに最終選考でも、A4判用紙15枚程度の接客の物語を読み合わせして、再度、話し合ってもらいます。当初、選考は二次選考までしか行っていませんでしたが、入社前の理解度をいっそう深めるために3段階にして、最終選考も実施するようにしました。

とにかく一次・二次・最終の選考を通して、どのような接客サービスがされているのかをリアルにイメージしてもらうようにしています。実際の現場がイメージしたとおりであるため、新人でも戸惑うことなく即戦力として活躍できるのです。加えて、好きこそものの上手なれです。選考を通して浜の湯の接客がますます好きになった、という人材が入社してくれるからこそ、多少つたないところがある新人であっても、お客様の心をつかむ接客ができるのです。

選考の過程では私たちのサービスを理解してもらうことを目的にしているため、一人ひとりの能力を細かく分析することはしていません。点数をつけるようなこともほとんどしていません。

ただし、協調性はチェックします。旅館の接客はチームで行うものだからです。個人面談ではなくグループ面談を主体にし、二次選考や最終選考でディスカッションをするのも、協調性をチェックするのが目的の一つです。

逆にいえば、協調性に問題がなく、採用人数も予定よりオーバーしなければ、ほぼ内定を出すということです。このように能力の評価をさほど重視していないのは、私たちの接客が大好きな人材であれば、必ず活躍できると考えているからです。成長のスピードは個人差がありますが、いつの日か輝く原石であることに変わりはありません。

要領よく仕事を覚えるタイプは、入社1年目からたくさんの指名が入ります。一方で2年目、3年目にならないと指名が増えないタイプもいます。機械ではなく人間である以上、差が出るのは仕方のないことであり、焦らずに成長を見守ることも大事だと思っています。

しかし、なかには結果が出るのに時間がかかってしまうと、自分の可能性を自ら否定し、辞めてしまう場合もあります。自信を失うと一人で悩んでしまい、こちらが気づいたときには退職の決意が固まっていることもありました。どんな会社でも離職はあり、人材の育成が100％理想どおりに進むことはないのかもしれませんが、課題にも向き合い、できる限り改善していきたいと考えています。

同期のきずなが深まる25日間の新入社員研修

仲居として入社した社員は25日間の研修を受けます。この研修プログラムも独自に構築しました。わずか25日間であっても、浜の湯の仲居として活躍するために必要なことをすべて覚えることができるようにした研修プログラムです。実際にこの研修を終えると、すぐに仲居としてデビューができるように、25日間でいつ、何を、どのように教えるのかを綿密に組み立てた研修プログラムです。

例えば、和室での所作の研修は、当初は外部の専門家を招いていました。しかし、それにはかなりの費用がかかります。さらに、外部の専門家では分からない浜の湯ならではのやり方もあります。

そこで、社内でトレーナーを育成しました。外部の専門家から教わったことをベースにしながら、私たちならではのやり方もプラスした所作を、的確に教えることができるトレーナーです。そうしたトレーナーが研修プログラムを作成し、和室での所作も完璧にマスターできるようにしました。

25日間の研修で覚えなければならないことは山ほどあり、少し過酷なスケジュールであるのは事実です。しかし、だからこそ同期のきずなが深まります。例えば、研修ではクリアしなければならない試験がいくつかあります。仮にクリアするのが難しそうな仲間がいれば、前の晩に一緒に練習するなどし、みんなで前に進んでいくのです。

そうやって苦楽をともにすることで、研修の修了式では全員が涙を流して喜び合います。明日から同期のみんなと一緒に現場に出ることができる喜びを噛みしめながら、プロの仲居としての一歩を踏み出すのです。

研修で必要なことをすべて覚えても、実際に仲居として現場に立つと、最初はどうしても緊張します。自分の接客でお客様の評価が大きく左右する完全担当制であるため、緊張感は相当なものです。そのため、新人の仲居の多くが緊張して実力の半分も出せなかったと最初は悔やむことになります。修了式では喜びの涙を流していたのに、デビューした途端に悔し涙を流すのです。

しかし、実力の半分も出せなかったと自分では思っていても、得てしてお客様からは、あなたのおかげで良い旅行になった、などと褒められます。その言葉を聞いて新人の仲居はまた涙し、次に来てもらったときにはもっと良い接客をしようと心に誓います。そして、リピートしてもらったときに、誓ったとおりの良い接客をして成長した姿を見せることで、新人のときに自信と勇気を与えてもらったお客様に恩返しができるのです。

そうしたケースを何度も目にしてきた私は、接客について確信していることが2つあります。1つは、接客の良し悪しは技術だけで決まるものではないということです。仲居としてお客様の旅を良いものにしたいという強い思いがあれば、多少の失敗があっても帳消しにできます。

もう1つは、接客の理想形は一方的に与えるものではない、ということです。新人の仲居がお客様から自信と勇気をもらったことで成長し、その姿を見せて恩返しをするように、互いに与え合うことで昇華していくのが接客です。そうした理想形が自然と多くなるのも、私たちの接客がお客様との距離感を縮めて心のつながりを築いているからです。

おもてなしの風土をしっかりと根づかせる

私たちのやり方を参考にしたい人に何よりも伝えたいのは、やはり諦めない覚悟をもってほしいということです。サービスのレベルを上げること、そのために人を育てることは決して簡単ではありません。目の前に壁が立ちはだかっても、諦めずにやり抜く覚悟が必要です。

そして、覚悟をもって挑戦し、スタッフが一丸となってサービスのレベルを向上させていくおもてなしの風土を根づかせることができれば、好循環が生まれます。自然とスタッフの自主性も育ち、それが大きな力になります。私たちはまさにそうなのです。

例えば、会社説明会に参加する仲居は私が何も言わなくても、毎年発表する資料の内容をブラッシュアップしてくれます。新入社員の研修でも、先輩の仲居たちが自発的にアドバイスをしてくれます。さらに、仲居一人ひとりが自分自身をもっと磨いていきたいという向上心をもっています。もっと気づく力を磨きたい、もっと英語が上手になりたい、もっと敬語の使い方を完璧にしたいなど、目標は仲居によってさまざまですが、こうした各自の自主性や向上心が、私たちのサービスのレベルをいっそう押し上げているのです。

サービスの強化も人材の育成もゴールはありません。私も旅館を経営している限り、現状に満足することなく努力を続けなければなりません。これから新たにサービスの強化と人材の育成に挑戦するのであれば、まずはお客様一人ひとりを大切にするおもてなしの風土をしっかりと根づかせることを目指すべきではないかと思います。

第4章

進化し続ける料理と客室で「新たな感動」を——

徹底的な顧客満足の追求がお客様の〝また来たい〟を生む

美しい絶景も感動を呼ぶおもてなしの一つ

個人客にシフトしてから20年強の間に、リピーターのお客様から料理が一段とおいしくなった、部屋がさらに良くなったというお褒めの言葉を何度もいただきました。進化し続ける料理と客室で、お客様に新たな感動を与えてきたことも私たちがリピーターの絶えない繁盛旅館になった大きな理由です。

まずロケーションでは、半島のように海に突き出た稲取温泉の最先端にあるため、視界を遮るものは何もありません。そこから見える海は、文字どおりの大海原です。しかも、目の前に広がる海は、時間帯や季節、天候などによってさまざまな姿に変化します。伊豆半島の東海岸は、水平線から昇る日の出を見ることができます。この日の出を愛《め》でるのにも、浜の湯のロケーションは最適です。すぐ前にある駐車場近辺が、初日の出を見る穴場として雑誌に取り上げられたこともあります。

さらに幻想的なのが水平線から昇る月です。特に満月のときは、月が昇るにつれて光が海面に長い帯をつくります。その美しさは何度見ても感動します。加えて天気のいい日の夜は、満天に輝く星を眺め、流れ星を何度も見ることもできます。

このように浜の湯のロケーションは、大海原から日の出、月の出、満天の星まで、美しい絵画のような絶景が魅力となり、そんな自然の名画もお客様の感動を呼ぶおもてなしの一つになっています。

ボリュームとクオリティを追求する料理

「食べるお宿」をコンセプトにしている浜の湯の料理は、地元の魚をはじめとした伊豆らしさとともに、たっぷりのボリューム感も特長にしています。そして、予約したお客様に伝えるのが、「お昼はできるだけ軽く済ませてきてください」の一言です。そう伝えておかないと、本当に食べきれないくらいのボリュームでお客様をもてなすのが、昔からのスタイルです。

もちろんクオリティにもこだわっています。まず、浜の湯は稲取漁港での入札権をもっており、特に魚の品質については自信があります。その強みを活かした名物が、夕食でも朝食でも提供している刺身の舟盛りです。

さらに、高級素材として知られる金目鯛や鮑《あわび》の料理を、スタンダードな宿泊料金でも味わえると好評を博しています。しかも金目鯛姿煮が、舟盛りと並ぶ名物になっており、リピーターのお客様からは「これを食べないと浜の湯に来た気がしない」とまで言われています。金目鯛姿煮は伊豆稲取の郷土料理です。私たちが提供するものはトロリとした濃厚な煮汁が独特で、どこにも負けないコクのあるまろやかな味わいです。一度に約20尾の大量の金目鯛を大鍋で煮ることで、旨味がたっぷりと詰まった煮汁に仕上げているのです。煮汁をご飯にかけて食べるお客様もいます。

また、必ず提供する舟盛りと金目鯛姿煮だけでなく、ほかの料理も日々進化してきたと自負しています。ここでは献立の一例を記載します。献立は2カ月に1回のペースで変更しており、紹介するのは２０２３年の夏季のものです。

・食前酒
・先八寸：玉蜀黍《とうもろこし》ベシャメルソース、枝豆豆腐、湯葉べっ甲餡、さつまいもレモン煮、鴨真薯《しんじょ》黄身焼き、海老旨煮、酢取り茗荷《みょうが》、うざく
・台の物：鮑酒蒸し
・造　里：季節の鮮魚（舟盛り）
・肉料理：和牛炙りと夏野菜（ヤングコーン、オクラ、アイコ、紅心大根）
・冷やし鉢：アイナメと焼き茄子の霙餡《みぞれあん》（天使海老、パプリカ、酢橘《すだち》）
・食べるお宿浜の湯名物：金目鯛姿煮
・箸休め：ニューサマービネガー
・食　事：真鯛釜飯（若布《わかめ》、榎茸《えのきだけ》、油揚げ、三つ葉）
・香の物：三点盛り
・止　椀：赤出汁仕立て（あおさ海苔《のり》、布海苔）
・デザート：キャラメルアイス（塩えんどう豆、マンゴー）

これがスタンダード料理プランの献立で、ほかに極上プランなども用意しています。

多彩なバリエーションの客室と充実の温泉設備

客室は、多彩なバリエーションがあるのが浜の湯の大きな特長です。主なタイプとして露天風呂付きラグジュアリースイートタイプ、露天風呂付きＤＸスイートタイプ、露天風呂付きＤＸタイプ、ビューバススイートタイプ、露天風呂付きスイートタイプ、露天風呂付きセミスイートタイプ、プレミアムスタンダードタイプがあります。同じタイプであっても間取りや内装が異なり、部屋ごとにタイプを変えているのも私たちのこだわりです。宿泊料金（１人料金／２人１室利用時）は３万円前後から７万円以上とかなり幅広い設定で、多様なニーズに対応しています。

そして、露天風呂付きの客室を豊富に用意しながら、露天風呂のある大浴場も充実させることで温泉旅館としての魅力を高めています。大浴場は満天大浴場と望洋大浴場がともに最上階にあり、大パノラマの眺めも最高です。

望洋大浴場の望洋大露天風呂は、全長23ｍの開放感溢れる露天風呂で、湯船に浸ったときの眺めは海しか見えません。まさに大迫力の絶景で、まるで海にぷかぷかと浮かんでいるような錯覚さえ覚えます。

さらに、大浴場は夜になると水中ライトを駆使した演出があるため、昼とはまったく異なる幻想的な世界を楽しめます。満天大浴場と望洋大浴場は時間で男女入れ替え制にしています。例えば、午後3時～午前1時と午前4時～10時で入れ替え、1泊2日の間にどちらも利用できるようにしています。また、ほかに天空テラス＆スパ、貸切風呂スイートプライベートスパ、貸切プライベート岩盤浴なども用意しています。

旅館の料理を劇的に進化させる「一品出し」

一般的な旅館の料理は残念なことに、あまりおいしくないと思っている人が少なくありません。そう思われてしまったのは、効率を優先したからです。多くの旅館が採用している一度にまとめて料理を提供するスタイルでは、手間や人手を削減できて効率的ですが、本来のおいしさは味わえません。

そうしたなかで、浜の湯は献立の例を紹介した夕食のコース料理を一品ずつ提供します。この一品出しの実現が、料理の進化での最大のポイントになりました。温かいものは温かく、冷たいものは冷たく、のおもてなしを実現した一品出しとすることで、料理のクオリティが格段に上がったのです。

一品出しをするようになって、調理を担当するスタッフの意識も随分と変わりました。理由は簡単で、一品出しは料理人の腕が鳴るからです。逆にほかの旅館で多く見られる一気にまとめて提供するスタイルでは、本当は温かい状態で食べてもらいたい料理も冷めるなどしてしまうため、料理人が腕前を発揮しづらい面があります。その点で、料理人のモチベーションやプロ意識を高める効果も大きいのが一品出しです。

ただし、一気にまとめて提供するスタイルに比べると、一品出しはオペレーションがかなり大変になります。10室以下の小さな旅館ならまだしも、私たちのように50室を超える規模の旅館であればなおさらです。

例えば、仲居と内務係の連携に関して新たな仕組みをつくる必要があったのです。内務係は仲居をサポートするスタッフです。料理やドリンクの提供時に、内務係がパントリーでどのようなサポートをすれば、仲居が一品出しの接客をよりスムーズに行えるのかを徹底して検討しました。普通は仲居が行うパントリーでの洗い物（※）も、浜の湯では内務係が担当するようにするなど、独自の仕組みをつくったのです（※調理場の食器洗浄機で洗う食器類とは別にパントリーで洗うものもある）。

ほかにも細かい改善点がいろいろとありましたが、とにかく規模の大きい旅館の一品出しは、実現までのハードルが相当高くなります。それでも決して不可能ではないことを実証することができました。そして、高いハードルだからこそ、それを乗り越えて一品出しを実現すれば、旅館の料理が劇的に進化することを強く実感しています。

料理も仲居もさらに輝く「提供時の接客」

料理は提供の仕方でも価値が高まります。旅館はもっとその点も工夫していくべきです。私たちは一品出しならではの接客にも取り組んできました。例えば金目鯛姿煮は、仲居がお客様の目の前で取り分けます。

金目鯛は1尾が８００g以上もある大きなサイズです。その金目鯛の身を、仲居が取り箸を使って取り分けるのです。その華麗な手さばきを見たお客様が思わず「すごい！」と声を上げ、仲居を褒めてくれることも多々あります。

ほかにも鮑の酒蒸しは、仲居が殻から身を外してスライスします。鮑もお客様のテンションが上がる高級食材であることから、この接客によって場がいっそう盛り上がります。鮑の酒蒸しは、バター醤油味とレモン味から選べるようにし、仲居がそれを丁寧に説明する接客でも価値を高めています。

このように仲居の接客によって、一品出しの料理はさらに輝きを増し、給仕する仲居自身も輝きます。一品出しに加えて提供時の接客にまでこだわれば、当然、手間は増えますが、それ以上にお客様の感動を呼び、旅館の価値を高める効果が大きいのです。

競合他館との差別化も図る

必ず献立に入る刺身の舟盛りと金目鯛姿煮は、浜の湯の名物であると同時に、ほかの高級旅館との差別化の面でも大事な役割を果たしています。高品質・高単価を実現しているほかの高級旅館は、10部屋以下の小規模であるケースがほとんどで、私も勉強のために何度も利用しています。利用するたびに、一品一品の料理のすばらしさに感銘を受ける高級旅館もあります。

しかし、そうした高級旅館の料理は総じて上品です。それが良さでもあるのですが、見た目の迫力でワクワクさせるようなエンターテインメント性に欠けています。それに対して私たちが提供する舟盛りと金目鯛姿煮は、どちらも迫力満点で、その迫力を目の当たりにした瞬間、お客様が笑顔になるエンターテインメント性があります。和食であることに変わりはなく、全体的には和室にふさわしい上品さを大切にしていますが、コースの途中で迫力満点の舟盛りと金目鯛姿煮を提供することでメリハリをつけ、それがほかの高級旅館との差別化にもつながっているのです。

料理人とのコミュニケーションも大切にしてきた

旅館の経営者が、レストランのようにオーナーシェフであることはまれです。ほとんどの場合、旅館の経営者は料理の素人です。料理づくりは雇用した料理人に任せるしかありません。

そうしたなかで、起こりがちなのが経営者と料理人のコミュニケーション不足です。下手をすると、経営者が料理人から見下されてしまうケースもあります。経営者が何か意見を出しても、料理の素人は口出しするなと反論され、それ以上何も言えなくなってしまうのです。このように経営者がコミュニケーションを取れなくなると、料理人が自己満足の料理を作るようになって客離れやコスト増を招き、経営が立ちいかなくなるケースもあります。

そうならないためには、料理に関しても最終的な責任者は経営者であることを、まずは強く自覚しなければなりません。最終的な責任者である以上は、料理は作れなくても料理の方向性は自分で考えて決めるべきだと私は思っています。そのためにはほかの旅館や町場の和食店を視察し、料理関連の書籍なども読んで勉強する必要がありますが、その程度の努力はやって当然といえます。そうした努力もせず、料理人にすべて任せっきりにしてしまうと、いざ意見を述べても受け入れられず、口出しするなと言われてしまいます。

私も料理は作れませんが、浜の湯の料理の方向性については料理人にしっかりと伝えています。例えば、献立に必ず入る定番の舟盛りと金目鯛姿煮は、料理人からすれば言われたとおりに作る料理です。自身のアイデアを活かすことができません。それでも献立から絶対に外すことのできない重要な料理であり、絶対に手を抜いてはいけないことを理解してもらい、料理人のアイデアは2カ月ごとに内容を変えるほかの料理で発揮してもらうようにしています。いくら腕の良い料理人であっても、この考え方を理解してもらえないのであれば採用しません。料理の方向性がブレないようにするためには、そうした毅然とした態度も必要です。

また、料理の素人であっても、工夫次第で料理人とのコミュニケーションを深めることはできます。例えば、私は勉強のために東京の人気和食店に足しげく通いました。その店の店主と仲良くなり、今、和食は肉料理もこんなふうに進化している、有田焼の器はこんなタイプが主流になっている、といった和食のトレンドなどを教わり、その話を浜の湯にもって帰って料理長と共有したのです。料理の素人でもこうした情報収集は可能であり、それによって料理人と有益なコミュニケーションを図ることもできるのです。

東京の人気和食店のなかでも、特に参考になりそうな店には料理長も連れて行きました。そして、この料理はおいしいけれど、旅館で出すのは難しい、この料理であれば、少し提供に時間がかかってもおいしく食べられる、この料理を伊豆の食材で作ってみたらどうだろうなどと意見を出し合いながら一緒に勉強しました。このようにコミュニケーションの図り方を工夫しながら、料理人と二人三脚で「食べるお宿」のコンセプトを追求してきたからこそ、浜の湯の料理は力強く進化してきたのです。

宿泊単価のアップと質の強化を並行

2000年代前半の個人客にシフトして間もない頃の浜の湯の平均宿泊単価は、2万1000円ほどでした。それが2022年に3万9000円にまでアップしたのは、接客、料理、施設のすべてで高品質を追求してきた結果で、これによって食材にかけることができる原価もアップしました。食材により原価をかけることで、浜の湯の料理はさらに進化してきたのです。

そうしたなかで、使用する食材は伊豆のものに限定しないようにしています。伊豆らしさは大切にしつつ、同時に全国各地の良質な食材を使って料理のグレードを高めてきました。

いうまでもなく、日本は食材の宝庫です。あまりにも地元の食材だけにこだわり過ぎると、日本各地の良質な食材を活用するチャンスをみすみす逃してしまうことにもなりかねません。地元の食材と日本各地の食材を絶妙なバランスで使いこなしていくことも、旅館の料理を進化させる大事なポイントではないかと思います。

また、宿泊単価のアップに合わせて、一人の仲居が一度に担当する部屋の数を減らし、接客の質を高めてきました。現在は基本的に2部屋（最大で3部屋）としており、以前はもっと多かったのです。そして、担当する部屋の数を減らすことができたのも、宿泊単価のアップによって、より人件費をかけることができるようになったからです。宿泊単価のアップと、接客や料理の質の強化を並行し、加えて定期的な設備投資により、客室をはじめとした施設の強化も進めてきたことで、浜の湯は現在の高品質・高単価を実現したのです。

費用対効果を最大化する客室の進化に挑戦

これまでに浜の湯が行ってきた設備投資の時期と総投資額をまとめた沿革について述べます。

図表5のように、浜の湯は１９９５年以降、約3～7年に1回のペースで設備投資を行ってきました。１９９５年の第一期・設備投資では団体・グループ客を主体にした旅館になったため、当時の客室は10畳～12畳の和室、窓際のテーブルと椅子のコーナー、入り口近くの風呂・トイレというオーソドックスなものでしたが、現在は見違えるほど進化しています。２０００年に個人客にシフトすることを決意し、２００２年の第二期以降の設備投資で、客室も質の高さを追求してきた結果です。

ただし、質の追求は、単に高級な部屋を造ることではありません。毎回、決して小さくない額の設備投資を行う以上は、お客様により価値の高さを感じてもらえる客室、お

図表5　「食べるお宿浜の湯」設備投資の沿革

年	沿革
1969(昭和44)年	民宿を始める（客室5室）
1977(昭和52)年	現在地に移転（客室20室）
1995(平成7)年	第一期・設備投資（総投資額22億円／客室44室）
2002(平成14)年	第二期・設備投資 （総投資額6億円／客室52室　※露天風呂付き8室）
2007(平成19)年	第三期・設備投資 （総投資額8億円／客室51室　※露天風呂付き16室）
2010(平成22)年	第四期・設備投資 （総投資額3億円／客室51室　※露天風呂付き21室）
2016(平成28)年	第五期・設備投資（総投資額5億円／客室51室）
2022(令和3)年	第六期・設備投資 （総投資額5億円／客室56室　※露天風呂付き25室）

客様によりリピートしてもらえる客室、50室以上の規模があっても高い稼働率をキープできる客室にして費用対効果を最大化する必要があります。

潜在的なニーズをつかんだ露天風呂付きの客室

お客様により価値の高さを感じてもらえる客室にするためには、潜在的なニーズを読み取ることも重要になります。お客様の、こんな部屋に泊まりたい、という潜在的なニーズに応えることができれば、間違いなく大きな価値が生まれるからです。

浜の湯において、まさにそうした戦略をとったのが2002年の第二期・設備投資で新設した8室の露天風呂付きの客室です。当時、露天風呂付きの客室がある旅館は少数でした。あったとしても特別室の1室だけといった程度です。そうしたなかで私は、一気に8室も露天風呂付きの客室を造ったのです。

しかも、露天風呂付きの客室としてはリーズナブルな3万円程度の宿泊料金（※当時の料金）にし、連日、8室すべてが予約で埋まる大盛況になりました。当時、温泉好きの人たちにとって、露天風呂付きの客室はちょっとした憧れであったため、こんな部屋に泊まりたいという潜在的なニーズをつかむ形になったのです。

ヒントはお客様の声です。特に当時は私も自ら現場に出ていたこともあり、「こんな部屋があったらいいのに」という話をお客様から直接聞く機会が多かったのです。

そうしたなかで、「○○の旅館の特別室には露天風呂が付いているけど、あんなに高い料金だと自分は泊まれない」などと話しているお客様がいたことから、リーズナブルな価格帯で露天風呂付きの部屋に泊まれるようにしたら、必ず人気になると考えました。

旅館業に限らず、さまざまなサービス業でお客様の声に成功のヒントがあると言われますが、私も自身の経験から本当にそうだと思います。

また、今では露天風呂付きの客室を造る旅館が増えました。ちょっとしたブームのようになっている面もありますが、露天風呂付きにするだけでは、客室の価値が思ったほどには高まらない場合もあります。露天風呂付きの客室は高級感がありますが、それだけに接客や料理の質が伴っていないと、かえってちぐはぐな印象を与えてしまうからです。

正直、浜の湯も2002年に初めて露天風呂付きの客室を造ったときは、接客や料理の質が伴っていませんでした。それでも、実力不足の現実から目を背けず、接客や料理の質を強化してきたからこそ、ほかの客室よりも宿泊単価の高い露天風呂付きでもリピーターのお客様を獲得することができるようになりました。そして現在では、露天風呂付きの客室が24室もある旅館へと成長したのです。

日本旅館でありながら「リゾート気分」も味わえる

露天風呂付きの客室で評判が高まっても、決して現状に満足することはありませんでした。お客様に新たな感動を広げるために、常に進化に挑んできました。

例えば、2007年の第三期・設備投資から明確に意識したのはリゾート感です。和室のほかにラグジュアリー感のある洋室があり、テラスやハンモックなどでもリゾート感を高めた部屋を増やしていったのです。畳文化を大切にした旅館でありながら、リゾート感もあるという新たなスタイルへの挑戦でした。

リゾート感を意識したのは、旅館が海辺にあることも大きな理由です。海辺のリゾートは非日常の特別な感覚があり、より高い価値を感じてもらいやすいのです。実際にリゾート感を高めた客室は好評を博し、浜の湯の評判をさらに高める原動力になりました。

また、リゾート感を意識するなかで新たに取り組んだのが音の演出です。各客室に高音質の音響機器を設置し、ハープの音楽を流すようにしました。著名なハープ奏者であるヒラリー・スタッグのアルバムに収録されている音楽で、これが海辺のリゾートにぴったりなのです。

ハープの音楽は、お客様がチェックインする少し前から客室に流します。担当の仲居が客室に案内すると、部屋の外でもかすかにハープの音色が聞こえます。そして、扉を開けて部屋の中を進むにつれて、音色がより鮮明になっていきます。その音色とともに、お客様の期待も高まるようにしたのです。

こうした音の演出も、日本旅館では珍しいと思いますが、非常に効果的な工夫になっています。しかも、改装などに比べれば低コストで済むのが音の演出です。日本旅館は畳文化をはじめとした伝統を守っていくことが大事ですが、一方で従来の常識にとらわれない新しい工夫で価値を高めていくことも必要だと思います。

1タイプ1部屋がリピーター獲得の威力を発揮

現在の浜の湯の大きな特長は、部屋ごとに間取りや内装を変える1タイプ1部屋の客室です。この挑戦を本格的にスタートさせたのも第三期・設備投資でした。

2002年の第二期・設備投資の段階で、新設した8室の露天風呂付きの客室を4タイプ×2室にして部屋ごとの個性を出し始め、第三期・設備投資でそれをさらに推し進めたのです。2007年に新設した8室の露天風呂付きの客室は8タイプ×1室にし、以降の設備投資で新設・改装する客室は同様に1タイプ1部屋を基本路線にしたのです。

1タイプ1部屋では、照明のデザインや家具のブランドなども客室ごとに変えます。ブランドを統一して大きなロットで購入すれば安くできますが、それはできないということです。同じタイプの客室をたくさん造るよりも、かなり手間やコストがかかるため、規模の大きな旅館で1タイプ1部屋にしているケースはあまりないと思います。

それでもあえて挑戦したのは、1タイプ1部屋の客室がリピーターの獲得に大きな威力を発揮するからです。同じタイプの客室しかないと、次に宿泊するときに新鮮味が薄れますが、1タイプ1部屋であれば前回とは違うタイプの部屋に泊まることができるという新たな楽しみができます。実際に浜の湯ではリピーターのお客様の大半が、前回とは違うタイプの客室を選びます。1タイプ1部屋への移行は、手間もコストも時間もかかりましたが、十分な集客効果をもたらしてくれているのです。

また、1タイプ1部屋の内装はデザイナーに発注していません。旅館のデザイナーは1つのコンセプトに沿って同じタイプの客室を造るのが一般的であるため、発注はせずに私が自分で照明や家具を選んでいます。設計士と一緒に東京のショールームなどを訪れ、イメージした内装に合う照明や家具を選んでいるのです。

ただし内装を自分でイメージするとなると、どうしてもアイデアが尽きます。30室、40室を1タイプ1部屋にしていくには、それだけの数のアイデアが必要ですが、自分の頭の中だけで考えても限界があるのです。

そこで、私は都心の高級ホテルをよく参考にしています。浜の湯はホテルとの違いを強く意識しているものの、敵ながらあっぱれと感じる点が多々あるからです。例えば、都心の高級ホテルがさりげなく取り入れている和の演出が、スマートで格好良かったりします。秀逸なアイデアは、ありがたくとり入れさせてもらっています。

高い稼働率は幅広い層のリピートがあってこそ

2010年の第四期・設備投資では、比較的リーズナブルな料金で宿泊できる露天風呂付きの客室を増やしました。現在の浜の湯の宿泊料金を3万円前後、4万円前後、5万円前後、6万円前後、7万円以上の5クラスに分け、これに当てはめて説明すると、2007年に造った露天風呂付きの客室は5万～6万円前後のクラスが中心であるのに対して、2010年は4万円前後のクラスを多く造ったのです。

そして、2016年の第五期・設備投資と、2022年の第六期・設備投資では、6万円前後や7万円以上のスイートタイプの露天風呂付きの客室を充実させました。

ルームサイズが120～130㎡もある広々とした客室です。一方で、2016年と2022年は、露天風呂が付いていない3万円前後の客室もブラッシュアップしました。3万円前後の客室も部屋のタイプを増やして、リピーターのお客様により魅力を感じてもらえるようにしたのです。

このように浜の湯では、より高級な客室と、よりリーズナブルな客室の両方を進化させてきましたが、これは50室以上の規模がある旅館だからです。これだけの数の客室がありながら、仮に高級な路線だけで集客しようとしても、高い稼働率を維持することはできません。幅広い料金帯の客室を用意し、幅広い層にリピートしてもらうことで、50室以上の規模でも高い稼働率を誇っており、この点も経営戦略の最重要ポイントになっています。

お客様が不満に感じている点を劇的に改善

客室に限らず、施設に対して設備投資をする際に私が大切にしている考え方があります。より多くのお客様が不満に感じている点を劇的に改善するということです。

直接聞いた不満でも、アンケートなどに書いてもらった不満でも良いのですが、不満の声に応えて施設を改善すると、自分の声で浜の湯が変わったとお客様に実感してもらうことができます。それによって、お客様は施設にも愛着を感じてくれるようになります。そのため、より多くのお客様が不満に感じていることは改善すべきなのです。

同時に劇的に改善することも重要です。劇的であればあるほど、お客様は変わったことを強く実感してくれるからです。そうして、ますます愛着を感じてもらうことができれば、一生利用し続けるとまで言ってくれる絶対的なリピーターも増えていくのです。

例えば、2007年の設備投資で新たに造った望洋大浴場は、まさにそうした声から生まれた改善でした。2002年に満天大浴場を先に造り、それによってもともと2つあった露天風呂（宿泊客全員が入れる露天風呂）の1つだけが立派になり、もう1つは小さなままでした。その格差に対するお客様からの不満の声が多かったことから、劇的に改善するために造ったのが望洋大浴場です。

望洋大浴場の望洋露天風呂は全長23ｍの大型の露天風呂です。実は当初の計画では、もっと小さなサイズにする案が出ていました。理由の一つは望洋大浴場が最上階にあるからです。最上階に大型の露天風呂を造るためには、より厳しい耐震基準をクリアしなければならず、基礎工事などのコストが高くなってしまうという問題があったのです。しかし、そのコストがかかっても、私は大型の露天風呂を造ることにしました。中途半端なサイズではインパクトが弱く、劇的に改善することにはならないからです。

そして、さらにインパクトを強めるために、満天大浴場との違いも明確にしました。満天露天風呂は風除けのための囲いを設置していますが、望洋露天風呂にはそれがありません。囲いがないことで、目の前の広がる海との視覚的な一体感を楽しめるようにしたのです。風が強い日は囲いがないのが難点にはなりますが、望洋露天風呂ならではの開放感がお客様に好評でとても喜ばれています。

独自のポジションで旅館の新たな可能性を追求

満天大浴場と望洋大浴場は一日1組様限定の貸切プランも用意しています。貸切プランを利用するお客様には、通常のチェックイン開始時刻の15時よりも1時間ほど早く到着してもらい、14時～14時50分まで満天大浴場と望洋大浴場のどちらかを貸切で利用してもらうのです。絶景の大浴場を貸切で利用できることから非常に好評で、経営的な観点からいっても施設の魅力をより有効に活用しながら、旅館の評判を高めるサービスになっています。

最上階に絶景の大浴場を造ることができるのも、浜の湯が50室以上の規模を誇る旅館だからです。このように施設の魅力で規模の大きさも活かすことによって、浜の湯は従来の大型旅館とも小さな高級旅館とも違う独自のポジションで、旅館の新たな可能性を追求しています。

第5章

旅館のおもてなしは日本の文化

古き良き伝統を守り継ぎ、現代のニーズにも応えられる旅館へ

旅館のおもてなしを担う有望な人材

浜の湯をリピーターの絶えない旅館にするために行ってきたさまざまな取り組みの根底にあるのは、旅館のおもてなしのすばらしさをもっと多くの人に知ってもらいたいという思いです。旅館のおもてなしは日本の文化であるにもかかわらず、世間ではあまり評価されることがありません。ディズニーランドの接客サービスが称えられ、ザ・リッツ・カールトンや帝国ホテルのホスピタリティは書籍にもなっていますが、旅館のサービスが注目される機会はまだ少ないのが現状です。それでは日本人として寂しいと思うのです。

確かに旅館が時代遅れの存在でしかないのであれば、注目されなくても仕方がないのかもしれません。しかし、決してそんなことはありません。少なくとも浜の湯は、日本旅館の古き良き伝統を守り継ぎ、現代のニーズにも応えられる旅館へ成長してきました。現代においても、旅館は価値の高い存在になることが十分に可能であり、もっと社会的な評価を得ることもできるはずです。

私がそう考える大きな理由の一つは、旅館のおもてなしを担ってくれる有望な人材が決して少なくないと思うからです。例えば、学生時代に飲食店で接客のアルバイトをした際の悔しい思いが、浜の湯に入社した理由になったという仲居がいます。彼女はアルバイトをした飲食店で、「あなたは接客が好きで、お客様に対していろいろと細かい気遣いができるようだけど、店としてはそこまで求めていない。ほかのアルバイトがやっていないことまでやるのはやめてほしい」と言われた悔しさがずっと心に残っていたため、旅館のおもてなしを追求している浜の湯なら、自分が本当にやりたい接客ができると強く思ったそうです。

この仲居のように接客の仕事が好きで、旅館のおもてなしを通して能力を発揮できる有望な人材は少なくないはずなのに、旅館業界はそうした人材を活かせていません。完全担当制や部屋食でおもてなしを追求する旅館が増えれば、きっと優秀な人材の受け皿になります。有望な人材が集まることで、旅館業界が活性化する未来も見えてきます。業界が目指すべきは、そうした未来であると私は考えています。

完全担当制はムダを価値に変える経営手法

旅館の完全担当制は、接客を極めたいという人材にとって理想形の一つであると私たちは考えています。しかし、多くの旅館が完全担当制をやめてしまったのは、経営的に難しい面があるからにほかなりません。完全担当制で旅館のおもてなしを追求する旅館が増えるためには、この点についても考察しておく必要があります。

完全担当制の最大の難点は、労働時間の管理が難しいことです。例えば、交通渋滞などでお客様の到着が予定より遅れてしまうことは珍しくありません。仮に1時間遅れれば、到着を待つしかない仲居は、それだけの時間をムダにしてしまうことになるのです。

しかし、私たちはこのムダを承知のうえで、完全担当制をとっています。ムダを我慢できれば大きな価値を生み、リピーター獲得の原動力になるのが完全担当制です。この考え方を貫き、実際にリピーターを増やすことで完全担当制は機能するのです。

常に自分の旅館のレベルを客観的に判断する

浜の湯は高品質・高単価を実現しながら、現代のニーズにも応えられる旅館へ成長してきました。その過程で最も注意してきたことの一つは、常に自分の旅館のレベルを客観的に判断することです。この判断を誤ると、適正価格よりも高い料金に設定してしまい、客離れを引き起こしてしまうことにもなります。

特に設備投資を実施したあとは要注意です。客室などの施設が新しくなると、最初はそれだけで注目度が高まります。多少、背伸びをした料金に設定しても、それなりに集客できるケースが少なくありません。しかし、リピートしてもらえるかどうかは別です。このレベルでこの料金は高いと感じたお客様は、当然ながらリピートしてくれません。リピートしてもらうには、レベルに見合った適正価格であることが必須です。

適正価格は接客、料理、施設の総合的なレベルで判断されるもので、その見極めは簡単ではありません。実際にお客様がどう感じたかを、１００％正確に知ることは困難です。しかし、だからこそ、常に自分の旅館のレベルを客観的に判断することを心掛ける必要があるのです。その心掛けがあれば、自分の旅館の実力を過大評価してしまうことは避けやすくなります。経営的には宿泊料金のアップを目指すことも大事な目標になりますが、それも質を向上して適正価格を上げていくことが大前提になるのです。

古き良き伝統を追求した先にある新たな提案

浜の湯が現代のニーズにも応えられる旅館へ成長した一番の証拠は、記念日の利用が非常に多いことかもしれません。記念日をホテルで過ごすことはあっても、記念日を旅館で過ごす、というイメージはありませんでした。そんなイメージを覆すために私たちは接客、料理、施設の質を向上してきたことで、記念日をちょっとぜいたくに楽しむという現代のニーズをつかむことができたのです。

10年ほど前からは、ロマンティックプロポーズというプランも提案しています。その名のとおり、旅館がプロポーズの舞台になります。例えば夕食が済んだあと、男性がお相手の女性をエステに誘い、部屋を空けます。女性が不在の1時間ほどの間に、スタッフが部屋に入って演出のための飾り付けをします。部屋の入り口からテーブルまでをテープやリボン、ハートのオブジェなどで彩り、テーブル中央に置かれたエンゲージリングの周りは、色鮮やかなフラワーアレンジメントで華やかにあしらうのです。

スタッフが部屋をあとにすると、プロポーズに臨む男性は、高鳴る鼓動を抑えながらお相手の女性を待ちます。戻ってくるタイミングを見計らって男性が部屋の灯りを消すと、淡い光を放つライトストーンによって光の道が描かれる演出も施しています。そして、いよいよ迎えるクライマックスという流れです。ロマンティックプロポーズはこれまでに200組以上に利用され、プロポーズの成功率も100％といううれしい結果になっています。ロマンティックプロポーズのほかに、セカンドプロポーズ、親孝行サプライズなどのプランあります。

こうしたプランの提案も、ベースにあるのはお客様の豊かな時間のために、何かお手伝いできることがあればしてあげたいという旅館のおもてなしの精神です。古き良き伝統を追求した先に、旅館でプロポーズをはじめとした新たな提案があったのです。こうした点からも、旅館のおもてなしが今の時代に通用しないなどということは決してありません。むしろ、人間関係が希薄になっている時代だからこそ、旅館のおもてなしが人の心に響くのだと思います。

経営者の魂こそがチェーンに勝つ最大の武器になる

同じ宿泊業でもチェーンで展開するホテルが増え、伝統的な旅館は減少しています。今後もチェーン系のホテルは、旅館業界にとってますます脅威になっていくだろうとも思います。

チェーン系のホテルの強みは、多店舗を展開するチェーンならではのコストメリットです。例えば、テーブル・椅子やベッドなどの設備も、ボディタオルや歯磨きセットなどアメニティーの備品もチェーンで統一して同じ品を購入することでスケールメリットが生まれ、費用を削減できます。同じエリアに2店舗、3店舗造って、満室のホテルで人員を増やし、そうでない店舗の人員を減らすといった人のやり繰りを効率的に行うことで、人件費を下げることができ、低コスト化によって高利益体質を実現しやすいのがチェーン系のホテルの優れた点です。

しかし、チェーン系のホテルは、業績が良くない店舗はすぐに撤退、売却してしまうことも珍しくありません。経営上は合理的なのかもしれませんが、本来の旅館経営者であれば誰もが胸に秘めている「一生涯守り抜く」という思いは抱きにくくなります。私はこれでは、一店一店に経営者の魂がこもっていないと思うのです。

店舗責任者である支配人も、あらかじめ決められた運営マニュアルや経営数値を守ることだけが役目になり、「自分らしいホテルを造りたい」などと考える余地やこだわりはほとんどありません。そんな支配人が増えたら、統一感が崩れて経営的にはマイナスです。そのため、チェーン系のホテルはどこも画一的で重厚感に欠けた雰囲気になります。

そこに旅館がチェーン系ホテルに勝てる大きな余地があるといえます。経営者の魂がこもっている旅館には、それぞれ個性があり、だからこそ宿泊客にも愛着をもってもらいやすいからです。どんな個性を磨き、どんな「お気に入りの宿」になるのかは、それぞれの旅館によりますが、経営者の魂、すなわち信念と情熱こそが、チェーン系のホテルにも打ち勝つ最大の武器になると信じています。

「食べるお宿浜の湯」の今後の展開と旅館業界に対する希望

私は今後も自分の信念や情熱を大切にしながら着実に旅館経営に取り組んでいきたいと思っています。実は私も多店舗展開を目指しています。現在は1店舗ですが、すでに2店舗目の計画は進んでおり、3店舗までは手掛けるつもりです。それぞれにタイプの異なる3店舗で、私の信念や情熱を反映した本物の旅館を具現化していく予定です。4店舗以上になると自分一人では難しそうですが、3店舗であれば私の魂を十分につぎ込むことができると考えています。

旅館業界全体に対しての希望もあります。今後、日本の人口が減少していくなかで旅館が存続していくためには、インバウンドの力を借りる以外に方法がなくなることも予想されます。そうなったときのために、一つのブランドとして「旅館」が世界の人々に認識されるようになることが必要だと私は考えているのです。日本にはホテルとは異なる旅館という、伝統ある宿泊形態があります。せっかく日本を訪れるなら、旅館に泊まりたい、と世界の人々に思ってもらえる旅館ブランドを築き、世界中に発信していくことができれば、旅館は必ず生き残っていけるはずです。

そのためにも、旅館の古き良き伝統を守りながら、現代のニーズにも応えられる旅館にならなければなりません。完全担当制や部屋食などの古き良き伝統は、世界の人々が、これが旅館だと認識しやすいものです。日本旅館ならではのおもてなしが、世界に誇る旅館ブランドの構築でも重要なカギになるのです。

そして、ホテルと異なり日本文化を象徴している旅館は、日本にあるからこそ独特の四季や自然景観とあいまって魅力溢れる宿泊形態であるといえるのです。このように国内で展開されるべき宿泊形態だからこそ、わが国のインバウンド戦略に適しているのが旅館ブランドの構築なのです。

こうしたインバウンド戦略の将来性にも目を向けて、旅館の古き良き伝統を守りながら進化を遂げていく旅館が増えていくことを願ってやみません。そして、日本旅館ならではのおもてなしを追求して成功した「食べるお宿浜の湯」が、少しでも貢献できるなら、これほどうれしいことはないのです。

おわりに

私は2000年頃に団体・グループ客から個人客にシフトすることを決意し、以来、日本旅館ならではのおもてなしを追求してきました。その過程で私自身も驚いたのが、仲居たちの活躍ぶりが予想以上だったことです。

大学や専門学校を卒業後、20代前半で入社してきた仲居たちは、大人になりたての若者です。旅館業に30年以上も携わってきた私からすれば、まさにひよこです。しかし、そんなひよこたちが、一回りどころか、二回り、三回り、四回りも年上のお客様の心をわしづかみにするのです。接客のスキルは発展途上でも、お客様に喜んでもらいたい、お客様の旅を良いものにしたいという思いがお客様に届くからです。新卒採用の人材を仲居に抜擢したことで、仲居がこんなにも若者が活躍できる仕事であることに、私も改めて気づかされました。

時には失敗もし、うれし涙も悔し涙も流す仲居たちですが、そうして一喜一憂するのは毎日の接客が真剣勝負だからです。若くても高いプロ意識をもち、本気の涙を流すことができる旅館の仲居という仕事に誇りをもち、お客様をファンにする接客でリピーターを獲得している仲居たちのことを、私も誇りに思っています。

そして、ひよこだった仲居たちが、日に日に成長していく姿を見るのも私にとっては大きな楽しみです。お客様の最も近くで、お宿の顔として旅館のおもてなしを体現する仲居は常に緊張感を伴う仕事ですが、その分、たくましく成長していきます。さらに、人は出会いによって成長するという言葉どおり、仲居は日々、さまざまなお客様との出会いを通して人間的にも成長していきます。そうして、スキルもマインドもよりプロフェッショナルになっていく仲居たちは、旅館という舞台でますます輝きを増していくのです。

そんな仲居という仕事のすばらしさと、日本旅館ならではのおもてなしの神髄を、本書を通してより多くの人に知ってもらうことが私のなによりの願いです。

鈴木良成（すずき・よしなり）

株式会社ホテルはまのゆ 代表取締役
1964年生まれ。釣り宿「浜の湯」の長男として生まれ、大学卒業後2年間、山形県の旅館で修業を積み家業に加わる。広告宣伝費をいっさい使わず、料理原価につぎ込むことで他の宿泊施設と差別化を図り、ファンを増やす。外部の講師に接客研修を依頼し、学生の新卒採用を開始するなど人材育成に力を入れ、露天風呂付きの高級旅館へと経営を拡大。2008年社長就任。仲居のホスピタリティの高さやリピーターが多い旅館として同業から見学依頼が来るようになり、現在は観光サービス専門学校の講師も務めている。

本書についての
ご意見・ご感想はコチラ

食べるお宿浜の湯
おもてなしの神髄

2023年11月30日　第1刷発行

著　者　　鈴木良成
発行人　　久保田貴幸

発行元　　株式会社 幻冬舎メディアコンサルティング
〒151-0051　東京都渋谷区千駄ヶ谷4-9-7
電話　03-5411-6440（編集）

発売元　　株式会社 幻冬舎
〒151-0051　東京都渋谷区千駄ヶ谷4-9-7
電話　03-5411-6222（営業）

印刷・製本　中央精版印刷株式会社
装　丁　　弓田和則
装　画　　大石いずみ

検印廃止

ISBN 978-4-344-94747-4 C0034
幻冬舎メディアコンサルティングＨＰ
https://www.gentosha-mc.com/